pittoresque

Guillaume Le Gall

Atget, Paris pittoresque

HAZAN lumières

En couverture : Chiffonnier, avenue des Gobelins. Juin 1901

Responsable éditorial : Éric Reinhardt
Conception graphique : Atalante
Réalisation : Maya Masson
Photogravure : Seleoffset, Torino
Impression : Milanostampa, Farigliano

ISBN : 2 85025 640 4
ISSN : 1275-5923
Printed in Italy

Sommaire

Atget et le théâtre urbain

De la publication par les surréalistes de quelques-unes de ses épreuves jusqu'aux travaux de Walker Evans et Lee Friedlander qui témoignent de l'influence de son art, Eugène Atget (1857-1927) est incontestablement devenu un point de repère dans l'histoire de la photographie[1]. Récemment, Peter Gallassi, directeur du département de la photographie au Musée d'art moderne de New York, confirmait l'importance du photographe en avançant qu'à ses yeux, Atget était « un des grands artistes du XXe siècle[2] ». D'autres n'ont pas toujours été du même avis, préfèrent relever les quelques faiblesses de sa très vaste production, doutent qu'Atget ait pu maîtriser à la fois son art et le choix de ses sujets, finissent par laisser s'installer la légende d'un photographe naïf et peu avisé. Mais est-il nécessaire de souligner le caractère hâtif d'un tel jugement polémique qui accompagne par trop souvent la réception de cette production, à savoir celui qui lui refuse son statut d'œuvre[3] ? En revanche, ne serait-il pas plus juste de considérer Atget comme un auteur de documents empreints de préoccupations politiques, et assez subtils pour qu'aujourd'hui encore nous puissions les regarder et les interroger ?

L'œuvre d'Atget est structurée par un système de séries qui s'établissent en correspondance les unes avec les autres, se recoupent et produisent un sens général. À l'exception de quelques vieilles enseignes, les photographies ici réunies s'inscrivent dans celle intitulée « Paris pittoresque ». D'un bout à l'autre de cette série qui recouvre chronologiquement toute sa carrière, Atget, doué d'une « intelligence lyrique de la rue[4] », photographie l'activité des Parisiens. Traditionnellement associés à l'urbain dans les représentations, les petits métiers deviennent, chez Atget, des figures métonymiques de la ville : pour lui, ils *sont* la Ville. Les vieilles boutiques, les étalages et les vitrines continuent la série et évoquent davantage une ville transformée par les mutations d'un nouveau développement du commerce.

Petits métiers et théâtre urbain

Le motif du petit métier s'inscrit dans une longue tradition iconographique qui commence dès le XVIe siècle. Dans l'œuvre d'Atget, la représentation des petits métiers (1899-1901) se caractérise par le rapport qu'entretiennent les marchands avec leur environnement immédiat : la rue. À ce titre, Atget choisit de photographier une série de petits métiers sur la place Saint-Médard. La place y est représentée comme la scène d'un théâtre urbain sur laquelle des acteurs de la vie quotidienne apparaissent comme tels ou

entrent dans le jeu d'une relation réciproque. En suivant une logique propre à toute son œuvre, Atget s'engage dans la représentation d'un contexte urbain qui se constitue contre une autre ville, celle du préfet Haussmann. Ainsi, en dehors de la place Saint-Médard et de toute physionomie proche du Vieux Paris, les petits métiers sont des figures autours desquelles la ville haussmannienne apparaît comme un seul fond flou et uniformisé.
Dans toute la série, Atget adopte un procédé fondé sur le mode de la déclinaison. Il photographie d'abord une foule affairée et compacte pour qu'ensuite, progressivement, le processus aboutisse à une représentation individuelle et frontale des marchands ambulants.

Atget, le théâtre et la ville

Selon bien des aspects de sa production photographique[5], et au regard de sa biographie, Atget était avant tout un acteur de théâtre subitement converti à la photographie. En 1879, à l'âge de vingt-deux ans, il entre au Conservatoire sous la direction d'Edmond Got, acteur à la Comédie-Française. Mais ses obligations militaires l'empêchent rapidement de mener à bien ses études et, en 1881, il se fait définitivement exclure du cours. Il devient alors acteur ambulant jusqu'en 1888, date approximative de sa conversion à la photographie. Si Atget cesse alors d'être un acteur professionnel, il continue par ailleurs à s'intéresser au théâtre et à l'étudier. Les nombreux livres qui l'accompagneront durant sa vie en témoignent largement[6]. Atget se déclarait lui-même « artiste dramatique » jusqu'en 1912, date à laquelle il prend le titre d'« auteur-éditeur d'un recueil photographique du Vieux Paris ». Enfin, de 1904 à 1913, il donne des conférences sur le théâtre dans les Universités populaires, à la Maison du peuple, à la Coopérative socialiste et à l'École des Hautes Études sociales. Du théâtre, Atget garda un goût prononcé qu'il traduisit sur ses photographies par de constantes analogies entre les deux activités. Sa carrière théâtrale fut donc courte, mais prolongée, en quelque sorte, sous des formes diverses.

Dans sa série « Paris pittoresque », et plus généralement dans toute son œuvre, Atget utilise la photographie pour décrire les différents aspects d'une ville qui s'opposent aux formes qu'avait revêtues l'œuvre moderniste, spectaculaire, hygiéniste du préfet Haussmann et de ses continuateurs. Précipitées par la Révolution de 1848, les réalisations haussmanniennes accomplirent avec force les transformations de Paris commencées sous la Restauration. Il s'agissait pour le pouvoir en place de bâtir une ville moderne qui devait correspondre aux nouvelles exigences de l'industrialisation dont l'une, majeure, était la circulation aisée des hommes et des marchandises. Les grands boulevards ouvrirent les voies de communication nécessaires, permettant par la même occasion de désengorger le vieux centre de Paris ainsi que les quartiers insalubres, tel celui de la Bastille, où traditionnellement des foyers révolutionnaires subsistaient. L'administration haussmannienne détruisit beaucoup mais édifia des symboles. Ainsi, les monuments élevés par la Ville dès 1853 participaient d'un projet visant à inscrire les traces d'un pouvoir politique dans le paysage urbain. Dans la préface de l'*Histoire de la France urbaine*, Georges Duby souligne l'enjeu politique d'un tel projet : « Du civisme, la ville est le grand théâtre. À cette scène convient un décor. Pour que s'y déroule convenablement les parades de la puissance, l'espace urbain doit être aménagé d'une certaine façon. Gouverné, contraint à la régularité par les strictes dispositions de ce qu'on appelle à juste titre, l'urbanisme[7]. » De là, les grandes perspectives qui focalisent le regard sur les monuments-symboles ou « monuments-cibles », opposés aux « monuments-signaux » qui appartiennent davantage à la ville du Moyen Âge[8].

Ces réalisations eurent pour effet de réveiller la veine nostalgique des défenseurs du Vieux Paris dont celle de l'écrivain Victor Fournel qui exprime son désarroi dans son livre *Paris nouveau et Paris futur* : « Je suis le cri plaintif et impuissant de Paris qui s'en va contre Paris qui vient. » Quand bien même l'auteur reconnaît que « l'hygiène est une excellente chose », il s'empresse d'ajouter que « l'art aussi : il serait bon de les combiner ensemble, au lieu de les opposer » car « il n'y a plus que trois endroits dans Paris où l'on puisse retrouver une ombre de la physionomie disparue : la montagne Sainte-Geneviève, la Cité et le Marais[9] ». Le trait nostalgique contenu dans cette plainte demeure cependant éloigné par bien des aspects de l'œuvre d'Atget. Si, effectivement, Atget fit de la ville une préoccupation personnelle et politique, elle ne doit être ni confondue, ni associée à celle des champions du Vieux Paris. Car force est de constater que son œuvre dépasse la stricte notion, trop souvent étroite, de protection patrimoniale[10].

La place comme scène du théâtre urbain

En marge des nombreuses manifestations nostalgiques, Atget semble davantage se soucier de la lisibilité de la ville ancienne. Ainsi, quand il photographie la place Saint-Médard, au-delà de la représentation des petits métiers,

Atget s'applique à décrire la physionomie du Vieux Paris que dessine le tissu urbain et au sein duquel la vie populaire du quartier subsiste. C'est d'ailleurs ce tissu urbain mineur qui fut la plupart du temps détruit par l'administration haussmannienne afin de mieux dégager les monuments. L'architecte et historien d'art viennois Camillo Sitte appelait « la maladie moderne du dégagement[11] » ce processus urbanistique dont Haussmann s'était fait le héraut. Dans son livre *L'Art de bâtir les villes* publié en 1889, Camillo Sitte analyse ce mouvement : « La signification des places dégagées au centre des villes (forum ou place du marché) est devenue essentiellement différente. Aujourd'hui, ces places ne servent plus que rarement à des grandes fêtes populaires, et la vie de tous les jours s'en éloigne toujours davantage. Elles ne remplissent souvent plus d'autre fonction que de procurer davantage d'air et de lumière, de rompre la monotonie de l'océan de maisons ou, tout au plus, de dégager la perspective sur tel ou tel édifice important, pour mieux mettre en valeur son effet architectonique[12]. » Aussi, en 1901, Gustave Kahn déclarait sans détour que « l'origine de la place, c'est le marché[13] ».

Dans la série de Saint-Médard, la place est pour Atget un cadre urbain à l'intérieur duquel le motif du petit métier s'étend aux scènes de la vie quotidienne, c'est-à-dire aux activités indubitablement liées à la morphologie d'un quartier. Aussi, dans cette série, Atget replace les petits métiers dans leur environnement immédiat. Cet environnement, c'est cette rue, telle que l'a décrite Arlette Farge, où « se repèrent et s'inventorient les mécanismes d'usages et d'appropriation de l'espace, les liens entre lieux et formes de communication, les échanges qui se créent puis se défont. C'est dans la rue que se perçoivent une certaine ritualisation de l'usage spatial et son inverse obligé[14] ». Des photographies de petits métiers mettent en scène des acteurs de la vie quotidienne sur le mode de l'interaction : des personnages, de profil, miment l'achat et la vente, la conversation ou encore la séduction. Des pratiques de l'espace s'établissent et, pour reprendre la description d'Arlette Farge, « ces activités dessinent aussi les usages esthétiques et émotionnels de la ville[15] ». Pour les scènes animées de la place Saint-Médard, Atget utilise un objectif de longue focale, ce qui a pour effet de créer une immersion du regard dans la foule mais aussi, et surtout, de rapprocher – voire d'écraser – les plans entre eux. Enfin, selon une logique proche du documentaire, Atget procède par étapes successives. À partir de la foule, il met en place un processus d'individuation du petit métier, processus qui confère à l'espace une intimité plus grande.

Des figures du théâtre

Atget avait délimité son décor du théâtre urbain avec la place Saint-Médard prise comme modèle d'environnement où se tissent des activités humaines et sociales. Mais à mesure que l'individuation du petit métier se précise, la ville, dans son acception d'artefact, se dissout par le double effet du flou et de la lumière. Par ce procédé maîtrisé et structuré, la figure du petit métier s'émancipe de la ville haussmannienne qui ne lui appartient plus. Seul le *Marchand d'abat-jour* vient contredire ce système : les éléments architectoniques de cette image sont structurants et participent à la dynamique générale de l'image. Ce statut d'exception lui attribue en outre une réelle qualité et fait de cette image l'icône de tous les petits métiers.

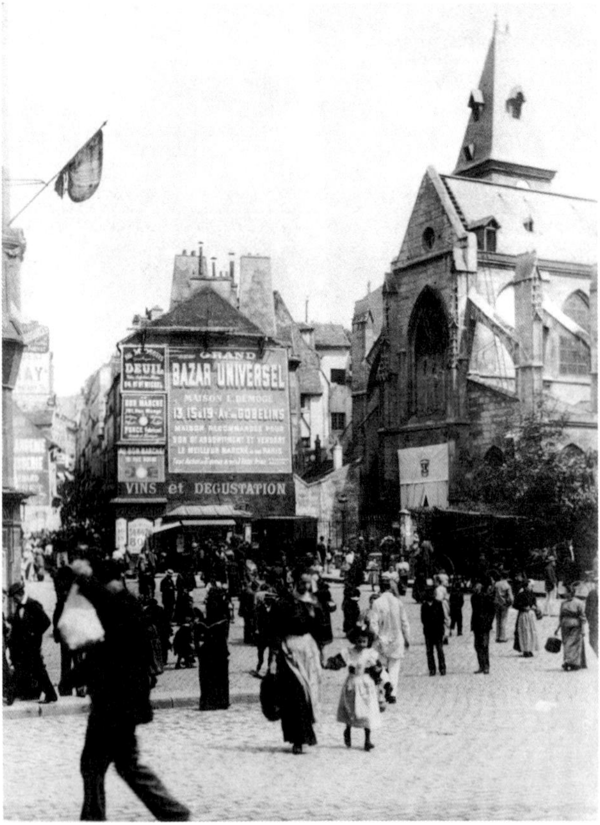

Saint-Médard. 1898

Certains petits métiers d'Atget s'apparentent à ce qu'il convient d'appeler des portraits en pied. Sous cette forme, les marchands ambulants sont transmués en figures emblématiques de la ville – telle que le photographe la conçoit – et de son théâtre urbain. Avec cette série de portraits en pied, ce n'est plus la dimension mimique du petit métier qui est soulignée – valeur que l'on trouve sur les photographies de Saint-Médard –, mais celle d'un imaginaire véhiculé par la figure. Par nature frontaux, ces portraits en pied nient l'effet exotique d'une photographie « instantanée » prise à l'insu des intéressés. Les petits métiers « posent » à l'arrêt devant l'objectif et se présentent chargés de leurs marchandises qui deviennent les attributs et les signes distinctifs d'une activité mobile. Consubstantielles au corps du petit métier, les marchandises, sous toutes leurs formes, se métamorphosent, et les excroissances de cette mutation se surajoutent comme un membre nouveau et supplémentaire dans un élan organique proche de l'ornement. Sur certaines photographies d'Atget, les bras disparaissent sous des formes exubérantes. Une ligne serpentine de paniers en osier enroule le corps d'un marchand et se termine en protubérance. Sur le corps hypertrophié du *Marchand de paniers de fil de fer*, l'éclat de la lumière révèle une très légère membrane transparente constituée par la marchandise. Ailleurs, les formes rondes des abat-jour « géométrisent » une partie du corps du marchand, quand d'autres formes plus légères lui assurent, de l'autre côté, un développement organique[16]. En outre, ces « assemblages[17] » se doivent d'être comparés au *Costume de manager* réalisé dix-sept ans plus tard par Picasso pour le décor de *Parade*. Dans son costume, l'acteur porte les objets de

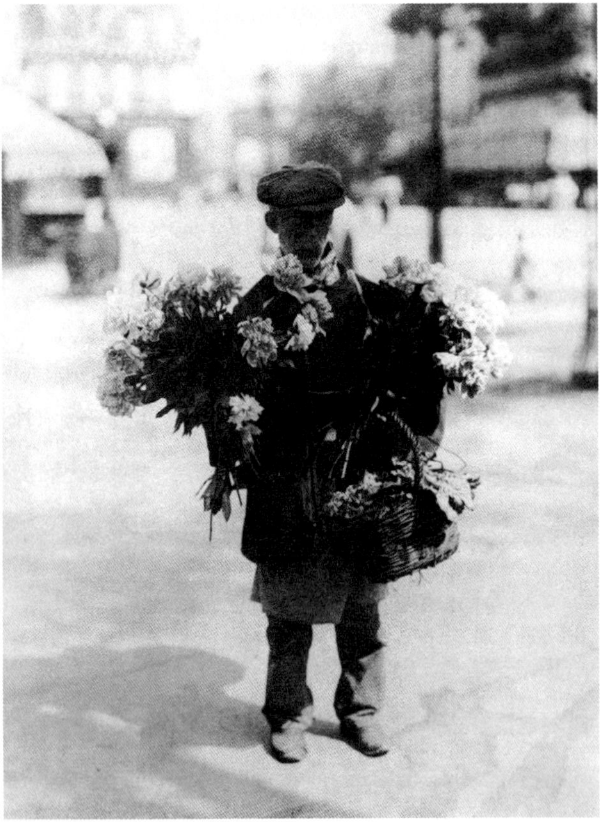

Bouquetier, 1898-1900

son commerce – ses buildings – comme les marchands ambulants leurs marchandises du jour. Dans le programme de la pièce, Guillaume Apollinaire qualifia les costumes de Picasso de « constructions fantastiques » et employa pour la première fois le terme de « sur-réalisme[18] ».
Homme de théâtre, Atget s'intéressait de très près aux costumes et en particulier à leur représentation par la gravure. Il exécuta des reproductions photographiques de gravures d'après le *Recueil de Caignières*, Abraham Bosse ou Daumier. Sur ces reproductions, certains portraits en pied prennent des poses semblables à celles des petits métiers. Mais l'analogie avec le théâtre se continue ailleurs : les petits métiers en représentation sont comme des acteurs qui « pointent » sur la scène du théâtre urbain. Au théâtre, la « pointe[19] » était ce moment paroxystique de la pièce, lorsque l'acteur s'avançait seul au milieu de la scène et, face au public, déclamait sa tirade. Cette convention avait la particularité d'interrompre le déroulement de l'action scénique, comme les petits métiers cessent leur activité le temps de s'engager consciemment dans un processus de représentation.

De la mobilité des petits métiers

La mobilité urbaine s'impose au petit métier comme elle lui est nécessaire. Celui qui se voit exclu du privilège commercial de la fixité adopte des stratégies ambulatoires, emporte toute sa marchandise avec lui et aspire, pour un meilleur gain, à une visibilité maximale.
Aussi, dès la seconde moitié du XIXe siècle, quand le volume journalier des ordures augmenta considérablement en parallèle avec l'essor de l'industrie et de la consommation, l'activité des petits métiers changea et devint liée à une

importante industrie du déchet. On vit alors apparaître le chiffonnier « lumpenprolétaire », ultime déclassement sur l'échelle des hiérarchies sociales qui, selon Walter Benjamin, pose « la question de savoir quand est atteinte la limite de la misère humaine[20] ». La figure du chiffonnier fonctionna rapidement dans l'imaginaire social comme le symbole de toute la population des petits métiers et de sa mobilité urbaine. Seulement cette mobilité effective n'existait que par les circuits que dessinaient les étapes successives du « recyclage » des déchets. En effet, une fois ramassées et acheminées par les chiffonniers aux marges de la ville, les ordures étaient transformées avant d'acquérir une nouvelle valeur ajoutée qui se réalisait dans la ville centripète. Ce sont les marchands ambulants, complémentaires des chiffonniers, qui assuraient à ces nouveaux objets leur retour jusqu'au lieu d'où, quelque temps auparavant, ils avaient été rejetés. À l'opposé de ceux qui, objectivement, voient dans la situation du chiffonnier « la limite de la misère humaine », beaucoup ont préféré trouver dans cette figure une allégorie de la régénération du corps social par le biais de ses rebuts. Jules Janin considère la hotte du chiffonnier comme « une grande voirie où viennent se rendre toutes les immondices du corps social[21] ». Baudelaire, lui, à travers une métaphore du poète comme héros de la modernité, s'était déjà servi de la figure du chiffonnier :

« Voici un homme chargé de ramasser les débris d'une journée de la capitale. Tout ce que la grande cité a rejeté, tout ce qu'elle a perdu, tout ce qu'elle a dédaigné, tout ce qu'elle a brisé, il le catalogue, il le collectionne. Il compulse les archives de la débauche, le capharnaüm des rebuts. Il fait un triage, un choix intelligent ; il ramasse, comme un avare un

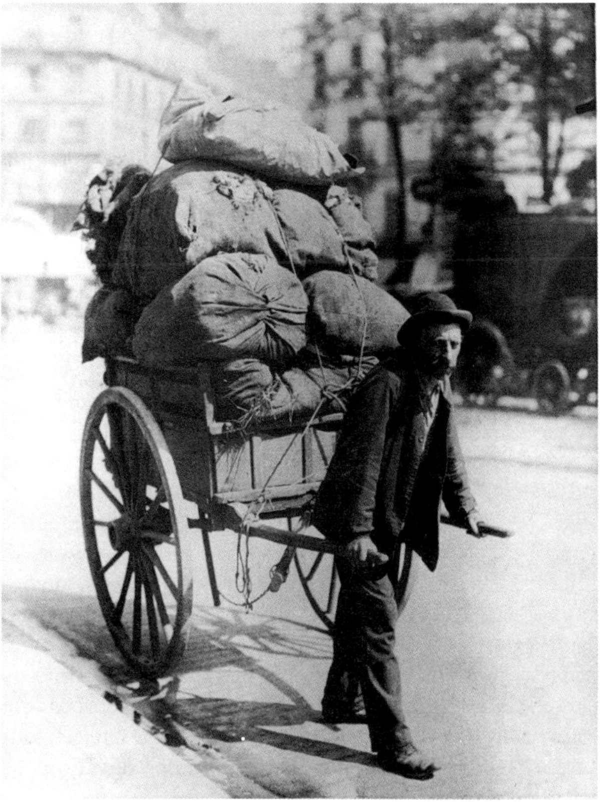

Chiffonnier, avenue des Gobelins. Juin 1901

trésor, les ordures qui, remâchées par la divinité de l'Industrie, deviendront des objets d'utilité ou de jouissance[22]. »

Dans la série des petits métiers d'Atget, l'évocation de cette mobilité atteint son paroxysme dans la figure du *Chiffonnier* tirant son imposant chargement. Le portrait en pied du chiffonnier dans la rue – ici le personnage ne peut être dissocié de la marchandise qu'il transporte – fait de lui une figure monumentale de la ville. Selon le modèle d'autres photographies de la série, les éléments architecturaux semblent se désintégrer autour de lui, installant une disjonction entre ce qui est stable – l'architectonique – et le caractère mobile du chiffonnier. En outre, la pose que prend celui-ci, la tension visible de ses bras et sa jambe avancée sont autant d'éléments qui évoquent le mouvement et la dynamique urbaine d'une telle figure.

En 1912, cette photographie fut réutilisée par Atget dans un Album de soixante épreuves qu'il intitula *Zoniers*. L'Album décrit conjointement la zone condamnée par l'administration depuis 1898 et ses habitants. D'une manière symptomatique et pour la première fois depuis les petits métiers, Atget fit des portraits. Sur l'une des épreuves de l'Album, un chiffonnier pose devant sa charrette à bras dans une position identique à celle du chiffonnier tirant son chargement dans la ville et photographié douze ans plus tôt. Ce réemploi est le gage d'une correspondance voulue entre les deux séries. Les zoniers – pour la plupart des chiffonniers – posent dans leur environnement, lequel, contrairement à la ville des petits métiers, se révèle dans ses moindres détails : Atget privilégie la description du contexte immédiat. Par ce rapport établi entre l'Album *Zoniers* et la série des petits métiers, il s'avère que la ville n'est souvent pour le chiffonnier qu'un

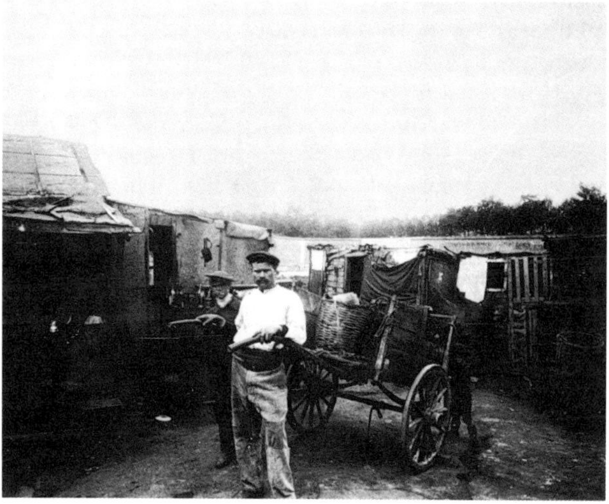

Poterne des Peupliers, Zoniers, 13ᵉ arr. 1913

lieu de passage transitoire dont il est forcément exclu. De cette exclusion, Texier écrit dans *Paris capitale du monde* que « chaque nouveau boulevard refoulait au-delà des fortifications une masse de pauvres diables dont Paris ne voulait plus (...) ; et, pour la première fois dans l'histoire, on vit ce fait étrange, inouï, anti-chrétien : une ville qui excluait les pauvres et ne voulait plus être habité que par les riches[23] ». Paradoxalement, l'expérience quotidienne d'une liberté ambulatoire à travers la ville – fait encore rare dans le dernier quart du XIXe siècle et réservé aux gens fortunés – deviendra, par l'association de la figure du chiffonnier avec celle du flâneur baudelairien[24], un thème récurrent de la littérature bohème. Il faudra attendre l'essor simultané des transports en commun, en particulier celui du métropolitain, et des grands magasins, pour que cette expérience se « démocratise » et se révèle dans la manifestation d'une nouvelle consommation de masse. Cette période correspond aussi à la disparition quasi totale des petits métiers.

Regards bourgeois et fantasmes sociaux sur les petits métiers

Fantasmes sociaux et taxinomie incertaine

Les petits métiers, en particulier la figure du chiffonnier, hantent les fantasmes sociaux du XIXe siècle. « Classe laborieuse » ou « classe dangereuse », la confusion dans l'identification de la classe des petits métiers – et du peuple en général – participe d'une appréhension rendue d'autant plus complexe que le XIXe siècle connaît effectivement de nombreux soulèvements populaires. Dans son ouvrage désormais célèbre, Louis Chevalier pose la question de ces frontières indécises : « Pour le bourgeois de Paris, les classes laborieuses sont et restent en marge de la ville, de la même manière qu'aux époques anciennes, ces catégories de population que l'on confondait avec les groupes criminels[25]. » Cependant, vers le milieu du XIXe siècle, lorsque son existence est menacée par la nouvelle ère économique qui s'annonce, le petit métier apparaît par contrecoup comme une image de la continuité. Cette « populace[26] » renvoie, *a contrario*, une image rassurante qui symbolise la permanence des traditions de l'Ancien Régime et la ville antérieure aux développements urbains attachés à l'industrialisation : « L'esprit de spéculation, la vapeur, l'invention de nouveaux métiers, l'accroissement des fortunes et l'association des capitaux ont permis de réunir et de fondre en faisceau des myriades de métiers ambulants qui, maintenant, attendent à domicile le chaland qu'ils allaient provoquer autrefois[27]. » La lente substitution des petits métiers par la grande masse du « prolétariat industriel[28] », confère à ceux que l'on identifiait jadis comme « la classe laborieuse » le pittoresque désormais associé aux charmes nostalgiques du Vieux Paris qui, selon Victor Fournel, n'était « d'un bout à l'autre de son enceinte (...) qu'une symphonie incessante, où se mariaient sur tous les tons les voix provocatrices des marchands ambulants[29] ». C'est d'ailleurs lorsque les petits métiers sont définitivement condamnés que leur identification et leur classement en types se dessinent plus précisément.

Les petits métiers : entre objets d'« histoire » et folklore

Ainsi, à partir des années 1850, les petits métiers deviennent des « objets historiques[30] » possibles et entrent dans le champ du nouveau courant folkloriste qu'anime au même moment une certaine élite française dont Champfleury, l'auteur du célèbre manifeste *Du Réalisme*[31]. Cette constitution en « objets historiques » se révèle essentiellement à travers une typologie dont usent de nombreux auteurs – tel Victor Fournel dans son ouvrage *Les Cris de Paris, types et physionomies d'autrefois* (1888). Seulement, les types établis dans ces ouvrages s'apparentent trop souvent au genre de la caricature et à ses *a priori*. Aussi, sur ces représentations qui accompagnent les textes, le peuple demeure laid et effrayant. Le folklore apparaît pour « sauver » une culture populaire menacée – voire disparue. À l'égard du petit métier, les folkloristes cherchent sinon à préserver, du moins à évoquer son existence dans un passé plus ou moins proche, au moyen du récit et des représentations[32]. Michel de Certeau a distingué deux périodes du folklore qu'il définit comme « un exotisme de l'intérieur[33] » : la première période se situe à la fin du XVIIIe siècle et concerne, par exemple, la « rusticopholie[34] » post-révolutionnaire de Nicolas Restif de La Bretonne qui recherche une pureté originelle perdue dans « la confusion des hiérarchies traditionnelles » ; la seconde période correspond à la tranche 1850-1890 durant laquelle le folklore connaît son apogée véritable. En 1857, le musicologue folkloriste Kastner publie *Les Voix de Paris*, ouvrage dans lequel les cris sont consignés dans une filiation de la polyphonie médiévale. Pour Kastner, les cris des petits métiers sont, en quelque sorte, le blason sonore de la ville. Alfred Franklin, dans *La Vie privée d'autrefois*, et dans *Les Rues et les cris de Paris au XIIIe siècle*, tente de reconstituer la physionomie perdue du Vieux Paris et sa couleur musicale véhiculée par les crieurs. Outre leurs qualités respectives, ces ouvrages assurent au peuple des petits métiers, pour reprendre les mots de Michel de Certeau, « une intégration raisonnée » et « l'assimilation culturelle d'un musée désormais rassurant[35] ».

L'expérience de l'intérieur bourgeois du XIXe siècle

L'expérience de l'exotisme du folklore de la rue se retrouve et se réfugie dans l'intimité rassurante de l'intérieur bourgeois du XIXe siècle. Inauguré par Nicolas Restif de La Bretonne et Louis Sébastien Mercier, le thème de la marginalité sociale trouve auprès des gens de lettres un écho favorable. La bohème en particulier va constamment, soit s'identifier à l'image que renvoie cette marge – voire s'y projeter –, soit idéaliser une manière de vivre, vite réprouvée, pour mieux s'en démarquer. Alexandre Privat d'Anglemont, épousant le parfait profil du bohème, décrit la Zone et la cité Doré comme « le pays du bonheur, du rêve, du laisser-aller, posé par le hasard au cœur d'un empire despotique[36] ». C'est que la bourgeoisie a besoin de la marginalité pour délimiter ses propres frontières[37]. Et Privat d'Anglemont, d'une manière très significative, termine son texte sur cette idée : « Ce simulacre de propriété, en attachant ces malheureux au sol, les garantit contre les mauvaises pensées et les mauvais conseils de la misère, tout en donnant aux classes élevées une sécurité qu'elles ne peuvent avoir avec l'agglomération de pauvres, de vagabonds et de mendiants, qui se fait dans les garnis de ces quartiers infects[38]. » Pour Privat, les frontières sont claires et la marginalité a bien chez lui, en fin de compte, une fonction limitative mais aussi constitutive.

Le regard projeté dans la rue – Victor Fournel titre un de ses livres *Ce qu'on voit dans les rues de Paris* (1858) –

alimente et produit ce que Walter Benjamin nommait la « littérature panoramique » dont le genre, très développé, des « physiologies » (l'examen des types de la rue) occupait une place dominante. Ce regard institué par la titrologie de l'époque – Louis Reybaud écrit la même année que Victor Fournel un roman qu'il intitule *Ce qu'on peut voir dans une rue* (1858) – souhaite embrasser la marginalité sociale dans l'expérience esthétique du fantastique, mais depuis l'intérieur de l'appartement bourgeois. Un Album de photographies conservé à la Bibliothèque nationale, intitulé *Mœurs et types de la rue : Métiers (1858-1870)*, illustre parfaitement ce fantasme ; sur l'une des photographies, un homme regarde la rue à travers une longue-vue depuis le studio du photographe, c'est-à-dire depuis la reconstitution d'un intérieur bourgeois. Il revient à Walter Benjamin d'avoir pensé les « fantasmagories de l'intérieur », considérant « l'habitation sous sa forme la plus extrême comme un mode d'existence du XIXe siècle[39] ». Il écrit : « De là dérivent les fantasmagories de l'intérieur ; celui-ci représente pour le particulier l'univers. Il y assemble les régions lointaines et les souvenirs du passé. Son salon est une loge dans le théâtre du monde[40]. » Aussi, Victor Fournel écrit dans son roman que « Madame (...) se croit bien hardie, et ses plus longs voyages sont presque toujours des voyages autour d'un salon[41] ». Toujours d'après Benjamin, l'expérience de la rue ne se réalise le plus souvent, au XIXe siècle, que par celle de l'intérieur. De même pour le flâneur, « la rue devient un appartement. [Il] est chez lui entre les façades des immeubles comme le bourgeois entre ses quatre murs[42] ».

Les deux modes de représentation du petit métier

Les premières représentations des petits métiers (ou Cris de Paris) datent du XVIe siècle environ. Dessinées au XVIIe siècle par Pierre Brebriette, Abraham Bosse et Henri Bonnart, diffusées par la gravure, elles finissent par constituer un genre établi, lorsque, au XVIIIe siècle, François Boucher, Edme Bouchardon, Watteau et d'autres s'en emparent et l'ennoblissent. Sous l'impulsion du courant folkloriste et de la révolution industrielle, le genre connaît au XIXe siècle, comme en littérature, un regain d'intérêt extraordinaire. Cette « renaissance » apparaît en outre après une interruption totale des représentations des petits métiers pendant la période révolutionnaire. Un nouveau langage sur les « classes laborieuses » s'élabore à travers ces représentations.[43]

Dans la première moitié du XIXe siècle, les représentations oscillent entre des images grotesques (du type des images d'Épinal) d'un peuple misérable évoluant dans un décor urbain et sombre (les *Cris de Paris et mœurs populaires* dessinés par Victor Adam, lithographiés par Mercier, 1822), ou celles d'un peuple idéalisé, placé à mi-chemin entre un décor de ville et le rêve pastoral d'une nature que l'on sait déjà condamnée (*Costume of Paris*, dessiné et gravé par J.-J. Challon, Londres, 1820 et *Les Cris de Paris* lithographiés par Prodhomme, 1848). On remarque, dans la seconde moitié du XIXe siècle, une évolution de la gravure vers le genre des « types de la rue », pour que s'installe, le plus souvent, une adéquation entre la production des images et la littérature qui traite du même sujet. Les *Études contemporaines, types parisiens* (1850), lithographiés par Lemercier, fixent les petits métiers sur le modèle récent de la taxinomie. À partir des années 1890, un nouveau genre de gravure s'aligne sur les effets produits par la photographie, utilisée elle aussi comme un moyen pour fixer ces « types de la rue ». Les chromolithographies de L. Borgex (1900), par exemple, empruntent à la photographie son aspect d'« instantané ».

En 1904, Jacques Beltrand illustre de ses gravures sur bois l'ouvrage de poésie en prose de Tristan Klingsor *(Petits Métiers de Paris)*. Les bois sont exécutés à partir de la série des petits métiers d'Atget sans qu'aucune mention de son nom ne soit faite. Roger Marx, préfaçant le livre, décrit Beltrand comme le « portraitiste plébéien » et trahit, sans l'expliciter, l'emprunt fait à la photographie : associant la prose de Klingsor et l'illustration de Beltrand, il évoque l'« enquête sociale » et « les fugitives visions qui composent le vivant musée de la rue. Point de type qui n'y vienne prendre place, surpris à l'improviste, et défini dans la familiarité des allures professionnelles ». Par bien des aspects, cette description diffère de l'œuvre d'Atget. En revanche, l'« enquête sociale » se rapproche étonnamment de l'expression « fantastique social » inventée par Pierre Mac Orlan dans la préface du premier livre posthume paru sur le photographe en 1930[44].

Pour les « primitifs » de la photographie – le terme, emprunté à l'histoire de la peinture, désigne dans celle de la photographie les calotypistes français[45] –, les petits métiers, rarement représentés, ne sont pas traités sur le modèle alors prépondérant qu'offrait la gravure, mais ressortissent davantage au champ de la peinture. Chez eux, et plus fortement chez leurs défenseurs, le « motif » pittoresque des petits métiers semble n'avoir d'intérêt que par les effets picturaux qu'il produit sur l'« épreuve photographique[46] ». Car le nouveau procédé mécanique du calotype – Francis Wey lui préfère son synonyme d'héliographie – autorise le transfert d'une image sur du papier (ce que ne permettait pas le daguerréotype). Pour Francis Wey, « il semble qu'en passant sur le papier, le mécanisme se soit animé ; que l'appareil se soit élevé à l'intelligence qui combine les effets, simplifie l'exécution, interprète la nature (...) ; parfois, [la photographie] procède par masse, dédaignant le détail comme un maître habile, justifiant la théorie des sacrifices, et donnant ici l'avantage à la forme, et là aux oppositions de tons[47] ». Ainsi, les résultats obtenus présentent des analogies picturales, analogies que relèvent critiques et photographes eux-mêmes dans une perspective de légitimation. Cela mène en 1852 Charles Bauchal à distinguer, à l'instar de la peinture, deux écoles de photographes – à savoir les « coloristes » et les « dessinistes » –, et à voir en Charles Nègre, à propos des *Ramoneurs en marche* (1851), un photographe « éminemment coloriste qui nous rappelle les dessins de Rembrandt[48] ». Très éloignée des préoccupations esthétiques incarnées par les primitifs, la production commerciale et parfois très lucrative des ateliers photographiques du Second Empire – Disdéri s'était constitué une fortune avec les cartes de visite photographiques dont il possédait le brevet –, montre un tout autre aspect quant à la représentation des petits métiers. Principalement, cette production concerne la grande masse des portraits qui avaient fait l'engouement de la bourgeoisie pour cet art nouveau et que Baudelaire fustigea dans son *Salon de 1859*. Dans l'espace normé du studio photographique qui reproduit l'intimité de l'intérieur bourgeois, l'intrusion du petit métier, et plus généralement du monde du travail, nous renvoie une image incongrue et disjonctive[49].

Nous rencontrons ici et là sur ces images des maçons armés de truelles qui s'affairent autour d'un fictif muret de briques posées sur un tapis d'intérieur ou bien, au même endroit, des marchands de quatre-saisons qui étalent leurs produits. Dans une mise en scène très misérabiliste, L. d'Olivier photographie des *pifferari* (1854) couchés sur du parquet, Delton photographie un marchand ambulant (1862) devant un paysage pittoresque peint sur une toile, et Van de Gend, un portefaix (1864) dans un studio[50]. Les vues stéréoscopiques, « ces images d'Épinal de la civilisation photographique[51] », reprennent ces mises en scène avec la force spectaculaire du relief obtenu grâce au mécanisme optique du procédé. Mais l'intérieur masque les réalités du monde du travail. Ces procédures conduisent à une abstraction de l'environnement quotidien et travestissent une population en plaquant un discours normatif sur son image. Souvent, les représentations ne sont que des scènes fabriquées où des acteurs jouent à la place du peuple un rôle qui ne leur appartient pas, poussant ainsi la caricature jusqu'à son extrême. C'est l'avis de Disdéri qui, dans son livre *L'Art de la photographie* (1862), juge la stéréoscopie comme « une révoltante mascarade que l'extrême réalité apportée par le relief [rend] plus odieuse encore[52] ».

La série des petits métiers d'Atget clôt une longue tradition iconographique qui prit au XIXe siècle, sous l'impulsion du folklore et avec l'invention de la photographie, des formes polysémiques et fantasmatiques. Point de folklore chez Atget, mais plutôt une approche qui relève davantage, à la fois de la démarche du documentaire – pour les petits métiers, place Saint-Médard –, et de la grande tradition des graveurs du XVIIIe siècle – pour les figures emblématiques de la ville. Son regard sur le petit métier n'est pas celui d'une projection de l'intérieur dans la rue, mais celui d'une immersion dans la foule aboutissant à une représentation frontale, individuelle.

Vieilles boutiques et vitrines : archaïsmes et modernité chez Atget

Résistances et récurrences formelles des petits métiers

Dix années après avoir photographié les petits métiers, Atget reprend sa série « Paris pittoresque[53] » et s'intéresse de nouveau aux formes que revêt le petit commerce à Paris. Dans son Album *Métiers, boutiques et étalages de Paris* (1912), les petits métiers ambulants ont disparu et le kiosque ou l'étalage semblent être la métamorphose de ce qui apparaît comme leur fixité imposée. Régentée par les ordonnances qui furent nombreuses tout au long du XIXe siècle[54], l'occupation de l'espace sur la voie publique est soumise à des contraintes et doit être contenue, selon le vocabulaire officiel des préfets de police, dans de « justes bornes[55] ».

Sur les photographies de l'Album, les kiosques se sont substitués aux marchands ambulants et présentent des récurrences et des persistances de formes rencontrées ailleurs chez les petits métiers fixés par Atget. Des équivalences formelles existent donc entre les kiosques et les petits métiers. Habités par ceux qui furent jadis ambulants, les kiosques finissent par devenir anthropomorphiques *(Kiosque à journaux, square du Bon Marché)*. Le déploiement des marchandises hors du kiosque évoque les bras chargés des marchands ambulants *(Kiosque à journaux, place*

Saint-Sulpice). Les étalages, eux, débordent sur la voie publique, traversent les cadres fixés et brouillent les frontières entre l'espace de la boutique et l'espace de la rue. Souvent insolites, les agencements des objets du commerce, chez les brocanteurs ou chez les marchands de vieux habits utilisant des mannequins, surprennent par les tableaux qu'ils offrent au regard.

L'archaïsme moderniste d'Atget

Regroupées dans un Album *(Enseignes et vieilles boutiques*, 1911), les photographies des vieilles enseignes contiennent deux réalités différentes. Elles participent simultanément d'un souci d'archivage archéologique visant à la sauvegarde du Vieux Paris par l'image et d'un jeu d'effets combinant les reflets des vitres, les portraits des commerçants et l'image reflétée d'Atget lui-même. Atget cadre par deux fois ses portraits : l'embrasure des portes double le cadre photographique. Aussi s'amuse-t-il, sur le reflet des vitres, à substituer son corps à d'autres, obtenant la silhouette grotesque d'un petit personnage à la tête grosse et difforme (*Au Tambour*). En photographiant les vieilles boutiques à Paris, Atget évoque une certaine physionomie du commerce qu'il décrit par les façades, lesquelles nous apparaissent comme de véritables objets heuristiques. Sur ces façades, les ouvertures sont de fortes trouées noires qui creusent par leur obscurité l'épaisseur de l'enveloppe architecturale des édifices. Ces percées sont savamment disposées pour rendre compte de la logique circulatoire propre à ces commerces qui nécessitent des communications entre les espaces de la boutique et de la vie domestique, entre l'espace privé et l'espace public. Atget appréhende cette architecture

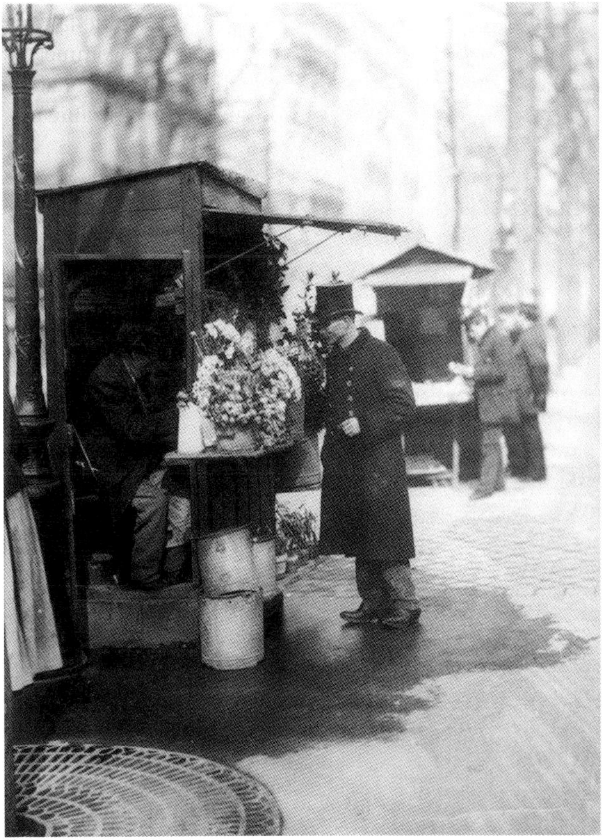

Bouquetier, juin 1901

– souvent vernaculaire et faite de montages – comme celle des espaces de la contiguïté, parfaitement intelligible, par exemple, sur la photographie *Boutique, rue Broca*. Sur celle-ci, le jeu des espaces se distingue par la composition, le cadrage des vides et des pleins ainsi que par le « petit événement théâtral » illustré par la femme qui se penche à la fenêtre et qui relie les espaces entre eux. Ici l'événement ne se produit que par la circulation – celle des entrées et des sorties –, comme l'est le dénouement d'une pièce de théâtre. À l'exception des vitrines des grands magasins, Atget refuse ostensiblement de photographier la « vie moderne » parisienne. Sa position à l'égard de la modernité est celle d'un artiste critique. Alors que la « vie parisienne » se déroule sur les grands boulevards, Atget se préoccupe davantage d'un Paris archaïsant. Sa démarche relève de son activité artistique propre et de son engagement politique[56]. En somme, Atget est à contre-courant de l'idéologie et du mythe qui voient dans le progrès un bienfait pour l'humanité, celui-là même qui conduisit à la catastrophe de 1914-1918. C'est d'ailleurs pendant la guerre qu'Atget cessa toute activité photographique.

Il y aurait en fait, chez Atget, un certain archaïsme que l'on pourrait dire moderniste. La modernité s'envisage souvent sous l'angle de l'archaïsme. De Chirico, dans ses « peintures métaphysiques », se sert de l'archaïsme pour confronter des réalités hétérogènes. L'étrangeté qui ressort de ses associations disjonctives (une cheminée d'usine et une statue grecque antique, par exemple) avait déjà plu aux surréalistes. L'un d'eux, Louis Aragon, dans *Le Paysan de Paris* (1926), était à la quête du « sentiment de l'étrange » qu'il espérait trouver dans « la perception de l'insolite ». La modernité archaïque des passages parisiens – parce que condamnés à la destruction – permettait idéalement cette expérience. Pour Aragon, les passages parisiens sont comme « les recéleurs de plusieurs mythes modernes » car « c'est aujourd'hui seulement que la pioche les menace, qu'ils sont effectivement devenus les sanctuaires de l'éphémère[57] ». Au XXe siècle cette mise en perspective de la modernité est devenue une « technique de dévoilement[58] ». Dans sa *Petite Histoire de la photographie*, Walter Benjamin, un des grands penseurs de la critique du progrès[59], disait de la photographie surréaliste annoncée par Atget qu'« elle laisse le champ libre au regard politiquement éduqué[60] ». De même, pour Benjamin, Atget « est presque toujours passé à côté des "belles vues et des soi-disant curiosités" – mais pas d'une longue rangée de bottines[61] » *(Coin du marché des Carmes, place Maubert,* 1910-1911).

Des « machines célibataires »

Les photographies de vitrines occupent une place particulière dans l'œuvre d'Atget en ce sens qu'elles constituent les seuls documents de la ville moderne – sujet jusque-là soigneusement évité. Particulières aussi dans le traitement de la lumière, elles résultent d'une technique parfaitement maîtrisée. Certaines vitrines, de par leur chronologie, leur contenu et le traitement dont elles ont fait l'objet *(Boulevard de Strasbourg, corsets,* 1912), doivent être rapprochées des vieilles boutiques du Paris archaïsant. Différentes, les vitrines des grands magasins sont, d'une certaine manière, plus radicales dans le choix esthétique qu'elles opèrent. Mais, dans tous les cas, ces images reflètent indifféremment l'humour, l'ironie et le sarcasme d'un grand artiste arrivé à la fin de sa vie.

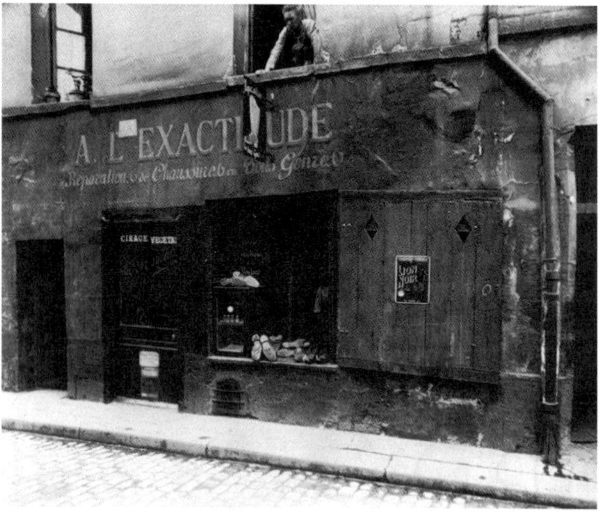

Boutique, 93, rue Broca. 1912

Les photographies des vitrines des grands magasins – « ce monument de la civilisation bourgeoise[62] » – développent un propos sur la marchandise et la nouvelle consommation de masse. Avant Atget, Zola voulait déjà faire du grand magasin « le poème de l'activité moderne[63] ». Pour lui, il devient cette « cathédrale du commerce moderne solide et légère, faite pour un peuple de clientes[64] ». Historiquement, la vitrine du grand magasin apparaît au moment où des marchandises sont présentées aux foules venues visiter les grandes Expositions universelles. Aussi le verre et le fer utilisés pour les bâtiments d'exposition (Cristal Palace, Galerie des machines, Grand et Petit Palais), se retrouvent pareillement dans l'architecture du grand magasin, celle du Bon Marché par exemple, construit en 1869-1879 par l'architecte Louis-Auguste Boileau et l'ingénieur Gustave Eiffel. L'exposition, « ce sujet de délire du XIXe siècle[65] », devient manifestement l'un des signes de l'industrialisation en marche.

Bien plus qu'un simple étalage de produits manufacturés, la vitrine du grand magasin est l'espace de la mise en scène et du spectacle de la marchandise que l'on offre au regard de la rue, à celui du badaud en particulier[66]. Sur la photographie *Magasin, avenue des Gobelins* (1925), les mannequins fortement sexualisés sont figés et évoquent, bien qu'immobiles, l'illusion d'un mouvement féerique. Par essence inorganiques, ces corps artificiels issus des cabinets de curiosités et inspirés des automates, semblent insuffler une vie aux marchandises. Ce monde surnaturel se rapproche de ce que décrit Karl Marx dans son texte « *Le caractère fétiche de la marchandise et son secret* ». Prenant l'exemple d'une table en bois comme marchandise, il écrit : « À la fois saisissable et insaisissable, il ne lui suffit pas de poser ses pieds sur le sol ; elle se dresse, pour ainsi dire, sur sa tête de bois en face des autres marchandises et se livre à des caprices plus bizarres que si elle se mettait à danser[67]. » Sur les photographies d'Atget, les marchandises semblent défier les lois de la pesanteur et apparaissent mêlées au décor urbain. Plus précisément, ses photographies révèlent conjointement les bizarreries optiques dues aux reflets de la vitrine et la mise en scène des désirs du consommateur. L'image du consommateur est idéalisée par le mannequin qui lui permet de projeter ses désirs. Dan Graham qui, pour son propre travail artistique, a étudié cette aliénation, écrit : « La vitrine capture, met en valeur et manipule les désirs latents de celui qui passe par hasard et confère une signification subjective et surdéterminée aux marchandises qu'elle présente "objectivement"[68]. » Mais si la vitrine déclenche le désir, le verre, lui, par contre, isole physiquement le consommateur qui contemple son pâle reflet mêlé au spectacle de la marchandise.

Intérieurs et effigies théâtrales

Quand la contiguïté des espaces de la boutique s'appréhendait selon une logique circulatoire, ceux de la vitrine se confondent et s'emboîtent dans une ambiguïté due aux reflets de la « transparence réelle[69] » que révèle la lumière du verre. De même, les boutiques archaïsantes du Vieux Paris qui sont sur les photographies d'Atget comme des « boîtes à double fond[70] » ou « boîtes magiques », s'opposent aux vitrines-« boîtes optiques », proches, par bien des aspects, des machines catoptriques exposées dans les musées de fantasmagories en vogue au XIXe siècle. Les vitrines présentent certaines analogies avec les qualités optiques de

ces machines qui permettaient « la substitution d'une image à une autre, d'un homme à une femme, de Paul à Pierre[71] ». Sur ces photographies, la nature, le monde minéral, les passants et le photographe lui-même sont absorbés dans la vitrine-boîte optique comme d'autres éléments ont été enfermés dans ces machines catoptriques.
L'intérieur de la vitrine est une parodie d'un espace scénographique – au sens où la maquette peut l'être d'une architecture. Du dehors, la vitrine offre le point de vue cadré d'un « cube scénographique[72] ». Déjà, en 1901, Gustave Kahn regarde les vitrines des grands magasins comme « une ou plusieurs caisses rectangulaires dont une des parois [a] été enlevée et remplacée par les transparences d'une plaque de verre[73] ». Pour filer la métaphore théâtrale, considérons que cette reconstitution scénographique propose la réduction d'une mise en scène issue du théâtre dit naturaliste, c'est-à-dire du Théâtre libre d'Antoine en France ou du Théâtre d'Art de Stanislavski en Russie. Par sa transparence, le verre des vitrines réalise ce qu'était le fantasme des metteurs en scène de ce théâtre : feindre l'existence du « quatrième mur ». Souvent, dès l'incipit de leurs pièces, le rideau découvrait un salon reconstitué qui niait son ouverture sur la salle. Du refus de cette convention théâtrale impliquant plus directement le public, Vsevolod Meyerhold écrit : « Ce théâtre a cherché infatigablement le quatrième mur, et cela l'a conduit à toute une série d'absurdités (...) et il s'est transformé de ce fait en une boutique d'objets de musée[74]. »
En définitive, la vitrine, espace clos, reproduit aussi l'intérieur de l'appartement bourgeois. Sur les photographies du Bon Marché, les mannequins, assis sur un canapé

confortable, sont posés au milieu d'accessoires précieux voués à l'ornementation de l'espace privé. Nous avons déjà évoqué ailleurs les « fantasmagories de l'intérieur » décrites par Benjamin ; or, en 1910, Atget avait déjà constitué un Album de soixante photographies qu'il intitula *Intérieurs parisiens, début du XXe siècle, artistiques, pittoresques et bourgeois*. Vides de leurs occupants, ces intérieurs soulignent les différences de classes et laissent supposer la démarche et l'ambition politique du photographe[75]. Ils sont les « portraits » intimes d'habitants que jamais Atget ne photographia. L'énigme que recouvre cette vacuité ne doit-elle pas justement être déchiffrée à l'aide des vitrines photographiées une quinzaine d'années plus tard et dans lesquelles les mannequins ne sont que les effigies de ceux chez qui Benjamin décela « cette tendance à se dédommager pour l'absence de trace de la vie privée dans la grande ville[76] ». Photographier les habitants d'une ville avait donc, chez Atget, une signification singulière qui devait répondre aux exigences politiques qu'il s'était toujours fixées. Son attachement à ne jamais photographier la ville haussmannienne se combinait avec celui d'en rendre visibles ses marginaux. En ce sens, de toute son œuvre, seuls les marchands ambulants, les clochards, les zoniers et les prostituées eurent droit de cité. C'est d'ailleurs cette continuité et cette cohérence entre les différentes séries qui confèrent à l'ensemble des photographies d'Atget une forte valeur de suggestion.

Notes

1. Voir la préface de Jean-François Chevrier, « La carte et la boussole », « Colloque Atget » (Actes du colloque, Collège de France, 14-15 juin 1985), *Photographies*, numéro hors-série, mars 1986 p. 7.
2. Peter Gallassi, « Faire dialoguer Kertész avec Picasso et Matisse », *Le Monde*, 26 mars 1996.
3. Voir Rosalind Krauss, *Le photographique. Pour une théorie des écarts*, Macula, Paris, 1990, pp. 48-53.
4. Walker Evans, « The Reappearance of Photography », *Hound and Horn*, octobre-décembre 1931, pp. 125-128.
5. Pour les éléments biographiques du photographe, voir l'étude de Maria Morris Hambourg, « A biography of Eugène Atget », in *The Work of Atget. Volume II : The Art of Old Paris*, The Museum of Modern Art, New York, 1982. Ainsi que Jean Leroy, *Atget, magicien du Vieux Paris en son époque*, Pierre Balbo éditeur, Paris, 1975, 2e éd., Paris Audiovisuel/Pierre Jean Balbo, Paris, 1992.
6. À partir d'une photographie de son intérieur, Maria Morris Hambourg a relevé les titres des ouvrages visibles sur sa bibliothèque dont *Les anciens théâtres de Paris* par Georges Cain, une étude sur *Le théâtre de la Révolution* ou encore, *Notre époque au théâtre* d'Alfred Capus. Mais aussi les éditions complètes d'Eschyle, de Sophocle et d'Euripide ; des livres de Racine, Corneille, Molière, Voltaire, Casimir Delavigne, Shakespeare, Lord Byron, Victor Hugo, Alexandre Dumas père, Alexandre Dumas fils, Alfred de Musset, Alfred de Vigny et Émile Augier. Voir Maria Morris Hambourg, *op. cit.*, p. 21.
7. Georges Duby, préface de l'*Histoire de la France urbaine*, Le Seuil, Paris, 1980-1985.
8. François Loyer, *Paris XIXe siècle : l'immeuble et la rue*, Hazan, Paris, 1987, p. 287.
9. Victor Fournel, *Paris nouveau et Paris futur*, Librairie J. Lecoffre, Paris, 1868, p. 3 et pp. 16-18.
10. À ce sujet, Atget ne collabora jamais directement avec la très officielle Commission municipale du Vieux Paris malgré ses liens personnels avec Édouard Detaille et Victorien Sardou, tous les deux membres de la Commission.
11. Voir Camillo Sitte, *L'Art de bâtir les villes, l'urbanisme selon ses fondements artistiques*, trad. D. Wieczorek, Livre et communication, Paris, 1990.

12. *Ibid.*, p. 4.
13. Gustave Kahn, *L'Esthétique de la rue*, Bibliothèque Charpentier, Paris, 1901, p. 149.
14. Arlette Farge, *Vivre dans la rue à Paris au XVIIIe siècle*, Gallimard/Julliard, 1979, rééd. 1992, p. 9.
15. *Ibid.*, p. 11.
16. Arlette Farge, dans son article « Le bazar de la rue » (compte rendu du livre de Massin, *Les Cris de la Ville, commerces ambulants et petits métiers de la rue*, Gallimard, Paris, 1978), *Vrbi*, septembre 1979, n° 1, p. XCVII-XCVIII, parle d'assemblage d'objets et de corps, de « corps marchandises » qui se prolongent en se joignant avec les objets qu'ils portent « dans une plus grande signifiance ».
17. *Ibid.*
18. L'article que Guillaume Apollinaire écrit pour le programme s'intitule « Parade et l'Esprit Nouveau » (1917) et est repris dans Guillaume Apollinaire, *Chroniques d'art, 1902-1918*, textes réunis avec préface et notes par J. -C. Breunig, Gallimard, Paris, 1960, pp. 532-534.
19.Voir Richard Sennet, *Les Tyrannies de l'intimité*, traduit de l'américain par Antoine Berman et Rebecca Kolkman, Le Seuil, Paris, 1979 p. 69.
20. Walter Benjamin, *Charles Baudelaire : un poète lyrique à l'apogée du capitalisme*, traduit de l'allemand et préfacé par Jean Lacoste d'après l'édition originale établie par Rolf Tiedemann, Payot, Paris, 1979, p. 33 (chapitre *La Bohème*).
21. Jules Janin, « Les petits métiers », dans *Le livre des cent-et-un*, t. III, Ladvocat, Paris, 1831, p. 342.
22. Charles Baudelaire, *Les Paradis artificiels*, Le Livre de Poche, Paris, 1964, p. 74.
23. Edmond-Auguste Texier, Albert Kaempen, *Paris capitale du monde*, Hetzel, Paris, 1867, p. 3.
24. Voir Walter Benjamin, *op. cit.*
25. Louis Chevalier, *Classes laborieuses et classes dangereuses à Paris pendant la première moitié du XIXe siècle*, Plon, Paris, 1958, pp. 449-454.
26. « La populace ? Tel est en effet le mot le plus communément employé pour désigner ces groupes populaires et criminels, confondus en de mêmes entreprises indifféremment politiques et criminelles, et qui prend place

en notre vocabulaire bourgeois, à côté de ces mots "barbares", "sauvages", "nomades" », Louis Chevalier, *op. cit.*, p. 454.

27. Victor Fournel, *Les Cris de Paris, types et physionomies d'autrefois*, Librairie de Firmin-Didot, Paris, 1888, pp. 70-71.

28. Dans son ouvrage, Louis Chevalier (*op. cit.*, p. 454) cite Daniel Stern qui évoque « l'accroissement excessif d'une fraction importante des classes populaires qui, par un concours de circonstances en quelque sorte fatal, en était venue à former comme une classe à part, comme une nation dans la nation et que l'on commençait à désigner sous un nom nouveau : le prolétariat industriel ».

29. Victor Fournel, *op. cit.*, p. 5.

30. Michel de Certeau note que le folklore constitue désormais le peuple « comme objet de science ». Voir Michel de Certeau, « La beauté du mort » (écrit en collaboration avec Dominique Julia et Jacques Revel), dans *La Culture au pluriel*, Christian Bourgois, Paris, 1993, p. 51.

31. Sur l'idée illusoire du peuple-enfant reflété sans déformation aucune et qui nous apparaîtrait dans toute sa pureté, voir Champfleury, *Histoire de l'imagerie populaire*, E. Dentu, Paris, 1869, rééd. 1992, Édition du Roc de Bourzac, Bayac. Champfleury écrit : « Ces planches sont les miroirs des journées d'enfance dont rien ne saurait altérer le reflet. Tout un passé se déroule devant les vieilles images contemporaines de notre jeunesse. (...) Leurs yeux au moins n'étaient pas corrompus par les effronteries du chic moderne » (pp. XXXV-XXXVI). Voir aussi la lettre que Champfleury écrit à George Sand en 1853, reproduite dans Champfleury, *Du Réalisme, Correspondance*, Éditions des Cendres, Paris, 1991, pp. 23-24.

32. Pour une étude complète des représentations des petits métiers du XVIe siècle jusqu'au XVIIIe siècle, ainsi que pour la littérature se rapportant à l'imaginaire qu'il suscite, voir le livre de Vincent Milliot, *Les Cris de Paris ou le peuple travesti, les représentations des petits métiers (XVIe-XVIIIe siècles)*, Publications de la Sorbonne, Paris, 1995.

33. Michel de Certeau, « La beauté du mort », *op. cit.*, pp.45-72 et p. 48 pour la citation.

34. *Ibid.*, p. 48.

35. Michel de Certeau (*op. cit*, p. 53) écrit : « Le souci folkloriste n'est pourtant pas exempt d'arrière-pensées : il veut situer, rattacher, garantir.

Son intérêt est comme l'envers d'une censure : une intégration raisonnée. La culture populaire se définit ainsi comme un patrimoine (...). La généalogie et le comparatisme viennent donc renforcer l'existence d'une unité du répertoire français dans lequel une mentalité française s'exprime. Ainsi arrimé, le domaine populaire cesse d'être le monde inquiétant (...). Le folklore assure l'assimilation culturelle d'un musée désormais rassurant. »

36. Alexandre Privat d'Anglemont, *Paris Anecdote* (1854), Les Éditions de Paris, Paris, 1984, p. 174.

37. Voir l'article de Dietmar Rieger, « Ce qu'on voit dans les rues de Paris : marginalités sociales et regards bourgeois », *Romantisme*, n° 59, 1988, pp. 20-29.

38. Privat d'Anglemont, *op. cit.*, pp. 182-183.

39. Walter Benjamin, « L'intérieur, la trace », dans *Paris, capitale du XIXe siècle, le Livre des passages*, traduit de l'allemand par Jean Lacoste d'après l'édition originale établie par Rolf Tiedemann, 2e éd., Éditions du Cerf, Paris, 1993, p. 239

40. Walter Benjamin, « Exposé de 1939 », *op. cit.*, p. 52.

41. Victor Fournel, *op. cit.*, p. 2.

42. Walter Benjamin, *Charles Baudelaire, un poète lyrique à l'apogée du capitalisme, op. cit.*, p. 58 (chapitre *Le flâneur*).

43. Voir le chapitre « Les impasses de la source-reflet », dans Vincent Milliot (*op. cit.)* : « On rencontre chez certains folkloristes (...) la volonté de retrouver les traits d'une individualité nationale à travers l'histoire des productions culturelles. Les cris de Paris, situés dans une hiérarchie implicite de valeurs sociales et esthétiques offrent de surcroît, en vertu de la même démarche, une ouverture sur les caractères constitutifs de l'identité populaire. Cette première lecture des *Cris* censés exprimer l'âme intemporelle du peuple, en complète une seconde, qui découle de l'esthétique réaliste incarnée, à titre d'exemple, par Champfleury » (p. 47).

44. Pierre Mac Orlan (Préface), *Atget photographe de Paris*, Éditions Henri Jonquières, Paris, 1930, pp. 12-13.

45. Voir André Jammes et Eugénia Parry Janis, *The Art of French Calotype (with a critical dictionary of photographers, 1845-1870)*, Princeton University Press, Princeton, 1983.

46. Sur l'importance de l'épreuve en tant que réalité matérielle et artistique,

voir Gustave Le Gray, *Photographie. Traité nouveau théorique et pratique des procédés et manipulations sur papier-sec, humide et sur verre au collodion, à l'albumine*, Lerebours et Secrétan, n.d. [1852], reproduit en partie dans André Rouillé, *La Photographie en France, textes et controverses : une anthologie (1816-1871)*, Macula, Paris, 1989, pp. 98-103 : « À mon point de vue, la beauté artistique d'une épreuve photographique consiste au contraire presque toujours dans le sacrifice de certains détails, de manière à produire une mise à l'effet qui va quelquefois jusqu'au sublime de l'art. »

47. Francis Wey, « De l'influence de l'héliographie sur les Beaux-Arts », *La Lumière*, 9 février 1851, n° 1, pp. 2-3, reproduit dans Rouillé, *op. cit.*, pp. 108-114.

48. Charles Bauchal, « Soirée photographique », *La Lumière*, 29 mai 1852, n° 23.

49. André Rouillé, « Les images photographiques du travail sous le Second Empire », *Le Savoir voir, Actes de la recherche en sciences sociales*, n° 54, septembre 1984, pp. 31-43.

50. Ces deux photographies sont regroupées dans l'*Album mœurs et types de métiers (1858-1870)*, conservé au Cabinet des Estampes à la Bibliothèque nationale.

51. Yvan Christ, *La Vie familière sous le Second Empire*, « L'univers de la photographie », Berger-Levrault, Paris, 1977, p. 17.

52. André-Adolphe-Eugène Disdéri, *L'Art de la photographie*, introduction de Lafon de Carmasac, Paris, chez l'auteur, 1862, p. 302.

53. Nomenclature effectuée par Maria Morris Hambourg, *op. cit.*

54. Voir, par exemple, les arrêtés ministériels sous la cote F. 18/551 aux Archives nationales.

55. G. Delavau, préfet de police, *Ordonnance concernant les étalages sur la voie publique*, Paris, le 21 août 1822.

56. Atget donnait des cours dans les Universités populaires et lisait assidûment des journaux d'appartenance gauchiste, antimilitariste et dreyfusarde – *L'Avant-garde, La Guerre sociale, La Bataille syndicaliste* – dont il fit don à la Bibliothèque nationale et à la Bibliothèque historique de la Ville de Paris.

57. Louis Aragon, *Le Paysan de Paris*, Gallimard, 1926, renouvelé en 1953, Paris, 1993, pp. 9-21.

58. Jacques Leenhardt, « L'Énigme de l'objet, propos sur la "métaphysique"

chez Giorgio De Chirico et la "mythologie" chez Aragon », *L'Objet au défi*, études réunies par Jacqueline Chénieux-Gendron et Marie-Claire Dumas, P.U.F, "Champs des activités surréalistes", C.N.R.S, Ivry-sur-Seine, 1987, pp. 9-21.

59. Voir Walter Benjamin, *Sur le concept d'histoire* (1940), dans *Écrits français*, présentés et introduits par Jean-Maurice Monnoyer, Gallimard, Paris, 1991, pp. 343-344 et Michaël Löwy, « Walter Benjamin critique du progrès : à la recherche de l'expérience perdue », *Walter Benjamin et Paris, Colloque international 27-29 juin 1983*, édité par Heinz Wismann, Éditions du Cerf, Paris, 1986, pp. 629-641.

60. Walter Benjamin, *Petite histoire de la photographie* (1931), nouvelle traduction par André Gunthert, *Études photographiques*, n° 1, novembre 1996, p. 23.

61. *Ibid.*, p. 22.

62. Michael B. Miller, *Au Bon Marché, 1869-1920, le consommateur apprivoisé*, Armand Colin, Paris, 1987, p. 7 et s.

63. Émile Zola, *Notes pour Au Bonheur des Dames*, Bibliothèque nationale, N.A.F 10277, p. 2.

64. Émile Zola, *Au Bonheur des Dames* (1883), Le Livre de Poche, Paris, 1984, p. 260.

65. Gustave Flaubert, *Dictionnaire des idées reçues*. Voir également Philippe Hamon, *Expositions, littérature et architecture au XIXe siècle*, José Corti, Paris, 1989.

66. « N'allons pas toutefois confondre le flâneur avec le badaud. (...) Le badaud sous l'influence du spectacle devient un être impersonnel, ce n'est plus un homme : il est public, il est foule », Victor Fournel, *Ce qu'on voit dans les rues de Paris*, Paris, 1858, p. 263.

67. Karl Marx, *Le Capital*, Livre I, sections 1 à 4, Flammarion, Paris, 1985, p. 68.

68. Dan Graham, *Ma position, Écrits sur mes œuvres*, Les Presses du réel, Villeurbanne, 1992, p. 141.

69. Voir Colin Rowe et Robert Slutzky, *Transparence réelle et virtuelle*, Les Éditons du Demi-cercle, Paris, 1992.

70. Aux alentours des années 1850, dans son roman *Cœur d'Acier*, Paul Féval dépeint un atelier du Vieux Paris sous ces termes : « Ce remarquable éta-

blissement commençait à exciter la curiosité. (...) Il y avait des gens qui regardaient Paris, désormais, comme une immense boîte à double fond, et qui pensaient qu'en soulevant n'importe quel pavé, on devait découvrir une surprise », Robert Laffont, Paris, 1987, p. 562.

71. Jurgis Baltrusaitis, *Le Miroir*, Éditions Aline Almayan et Le Seuil, Paris, 1978, p. 34 et s. ; voir également Max Milner, *La Fantasmagorie*, P.U.F, Paris, 1982.

72. Pierre Francastel, « Destruction d'un espace plastique », dans *Études de sociologie de l'art*, Denoël, 1970, p. 224 et s. Sur la vue cadrée qu'offre la vitrine, Dan Graham écrit : « La vitrine en tant que cadre, ou en tant que mécanisme optique, reproduit la forme de l'espace trompeur à trois dimensions de la peinture de la Renaissance. » Voir Dan Graham, « Verre utilisé dans les vitrines, articles dans les vitrines », *Ma position, Écrits sur mes œuvres*, *op. cit.*, p. 139.

73. Gustave Kahn, *op. cit.*, p. 209.

74. Vsevolod Meyerhold, *Écrits sur le théâtre*, t. I, *1891-1917*, « La Cité », L'Âge d'homme, Lausanne, 1973, p. 102.

75. Voir Molly Nesbit et Françoise Reynaud, *Intérieurs parisiens, Eugène Atget*, Éditions Carré/Paris-Musées, Paris, 1992.

76. « Cette compensation [ils tentent] de la trouver entre les quatre murs de [leur] appartement », Walter Benjamin, *Paris, capitale du XIXe siècle, exposé de 1939*, *op. cit.*, p. 53. Remarquons que Benjamin, commentant les photographies d'Atget, écrit dans sa *Petite histoire de la photographie*, *op. cit.*, p. 23 : « Sur ces images la ville est vidée comme un logement qui n'a pas encore trouvé de nouveau locataire. »

L'italique signale les titres donnés par Atget lui-même à ses photographies ; les précisions apportées par l'éditeur sont imprimées en caractères romains

Petits métiers

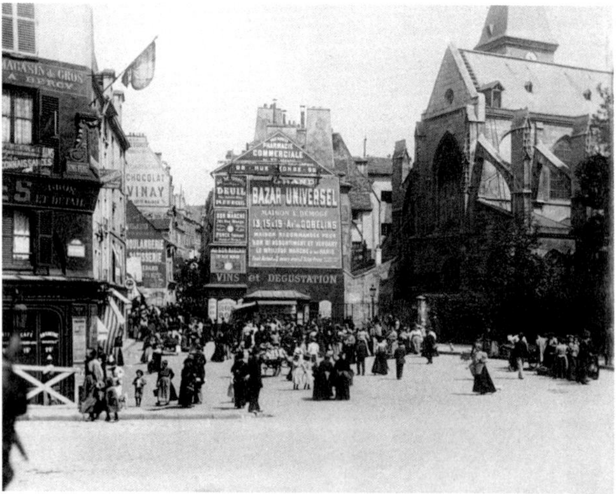

Place Saint-Médard, le matin. 1898

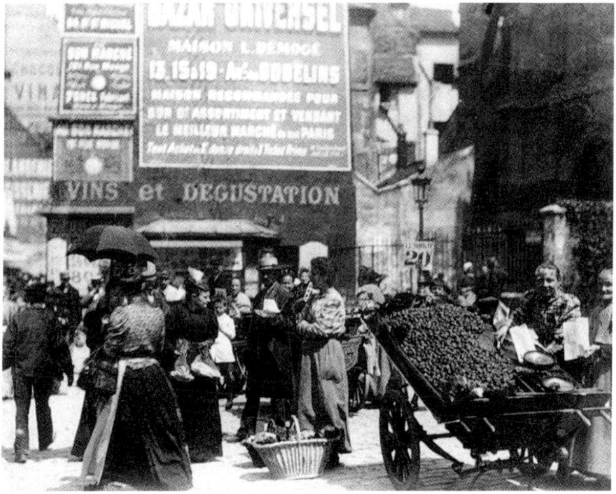

Petit marché de la place Saint-Médard. 1898

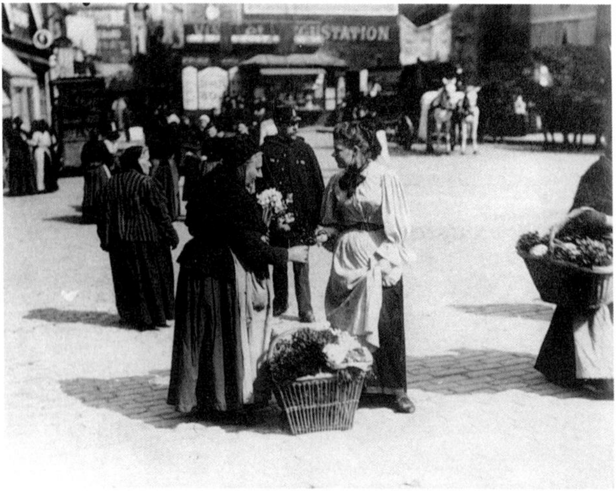

Place Saint-Médard. Bouquetières, 1898

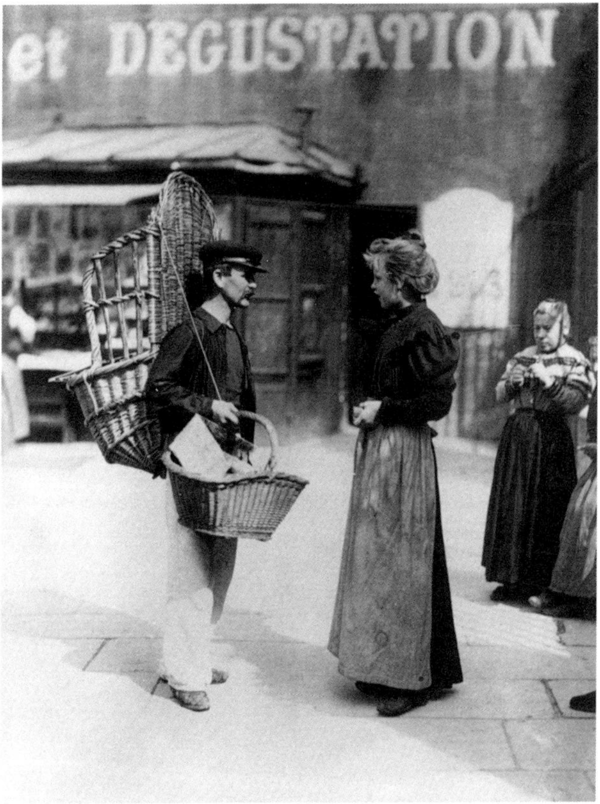

Marchand ambulant, place Saint-Médard, 1898-1899

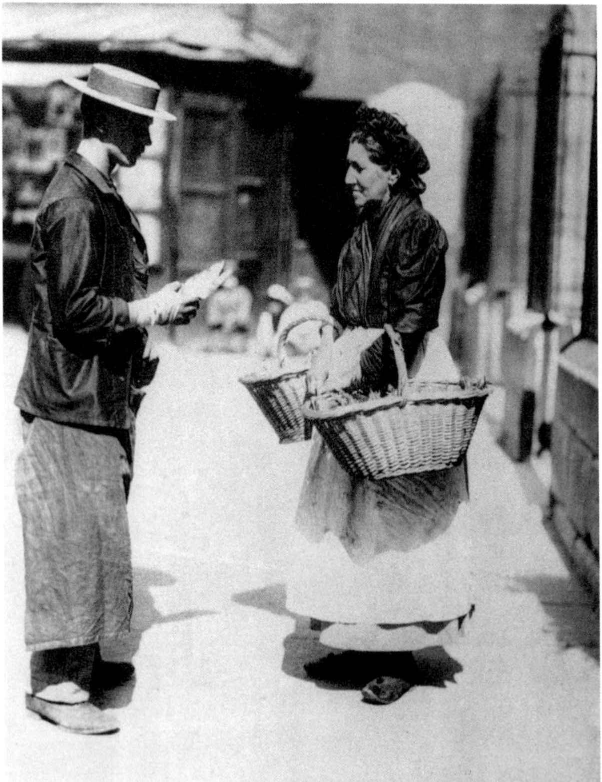

Place Saint-Médard, septembre 1899

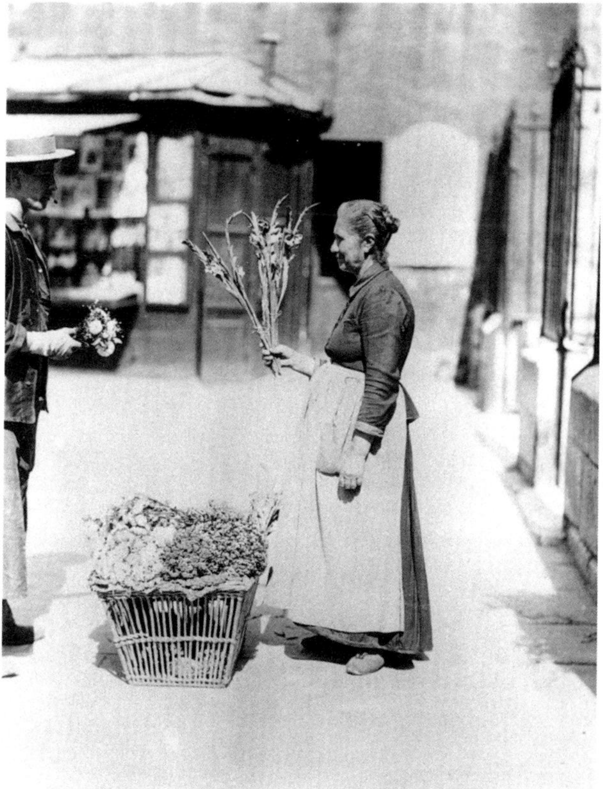

Place Saint-Médard, septembre 1899

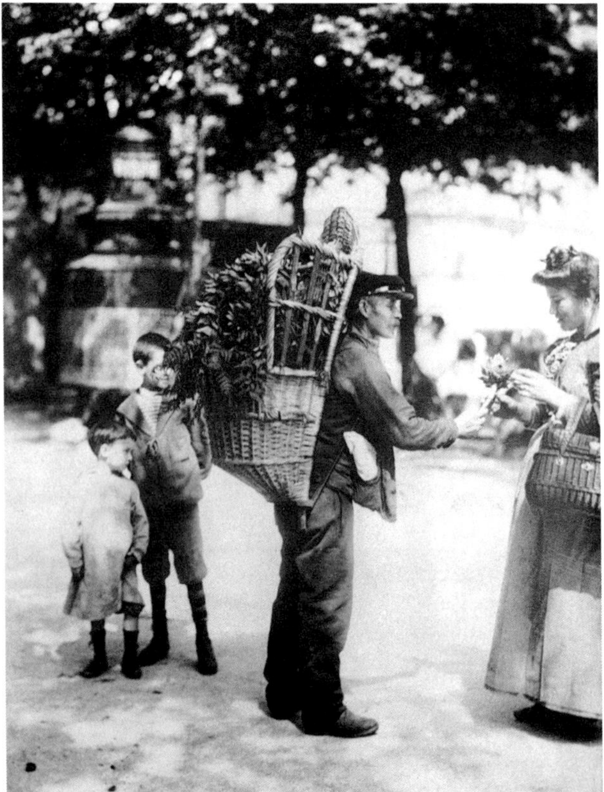

Marché Edgar-Quinet. Juillet 1899

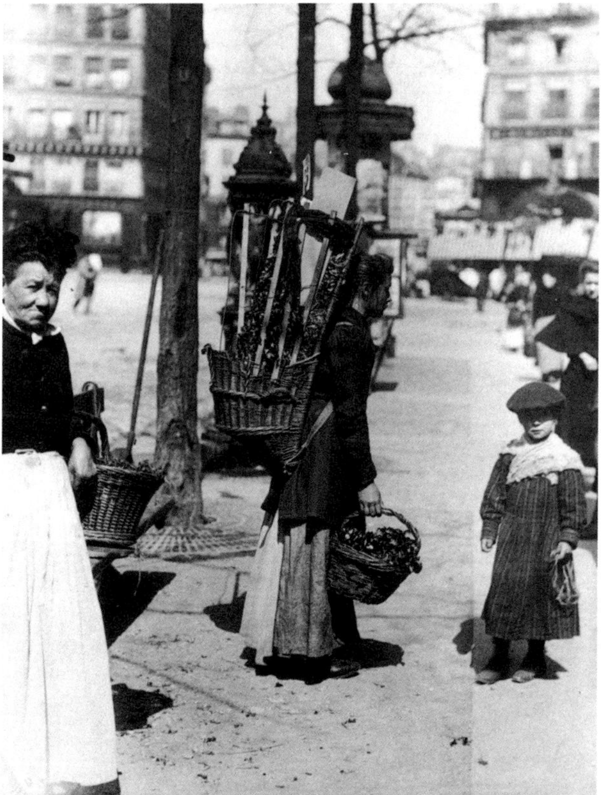

Avenue des Gobelins. 1898-1900

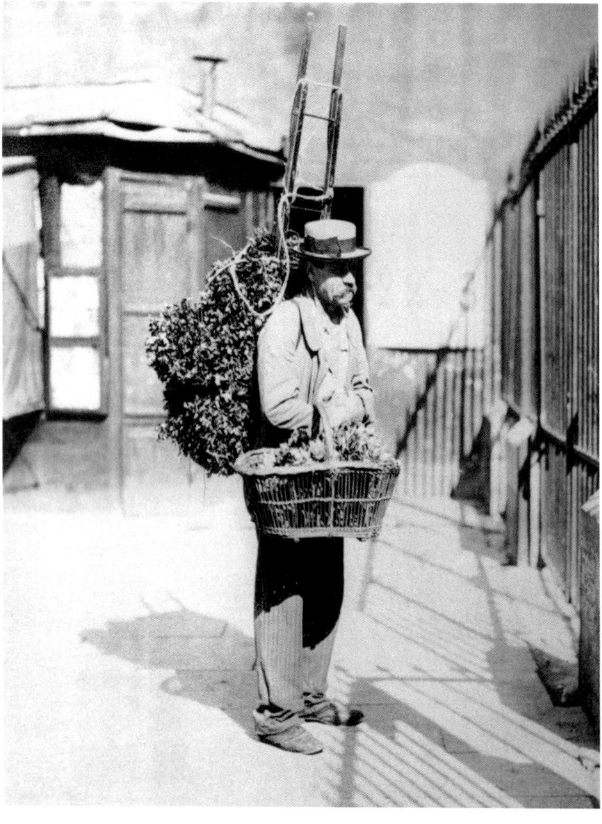

Marchand d'artichauts, place Saint-Médard, août 1899

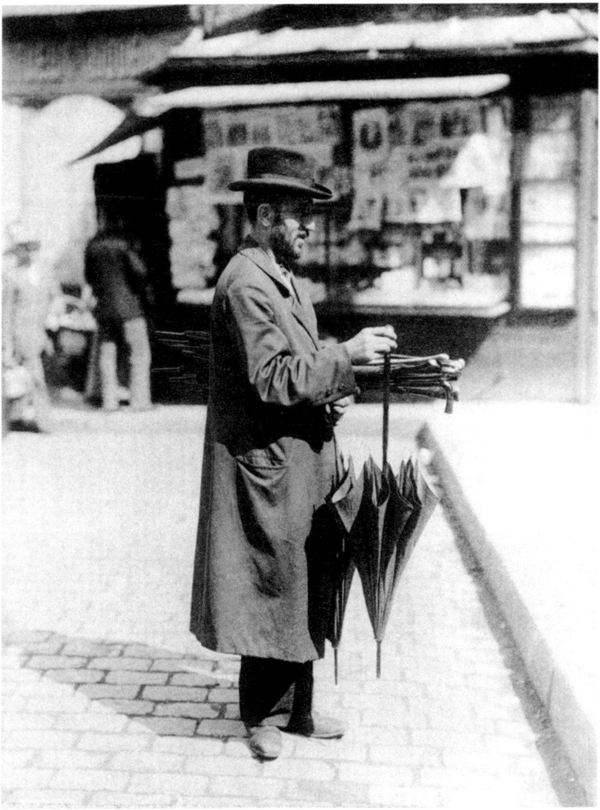

Marchand de parapluies, place Saint-Médard, 1898-1899

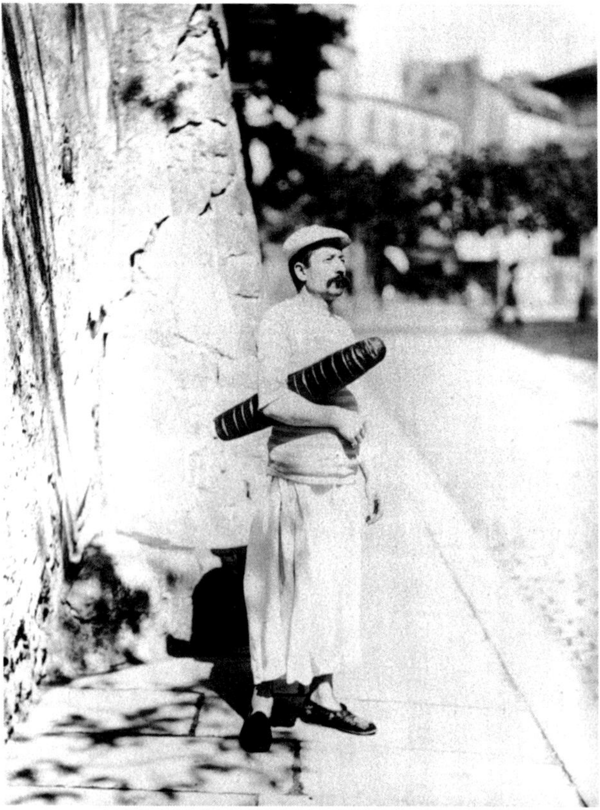

Boulanger, septembre 1899

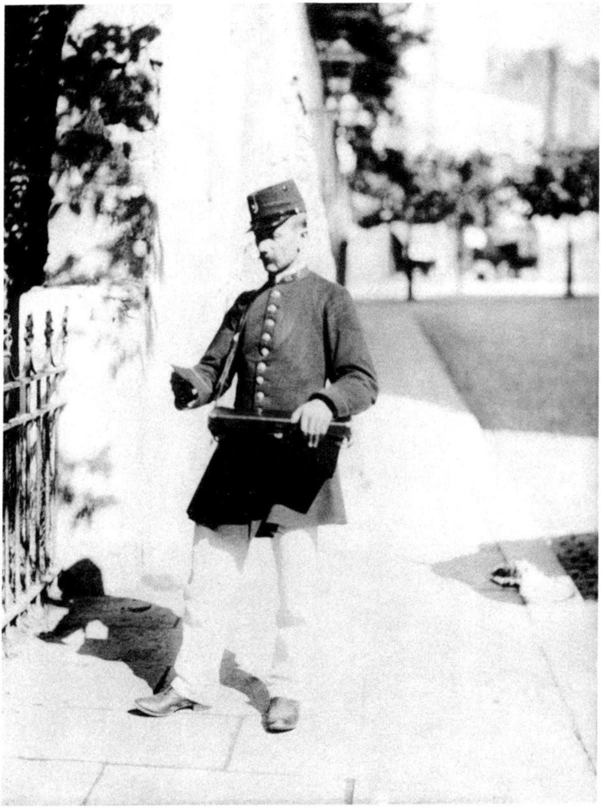

Facteur. 1899

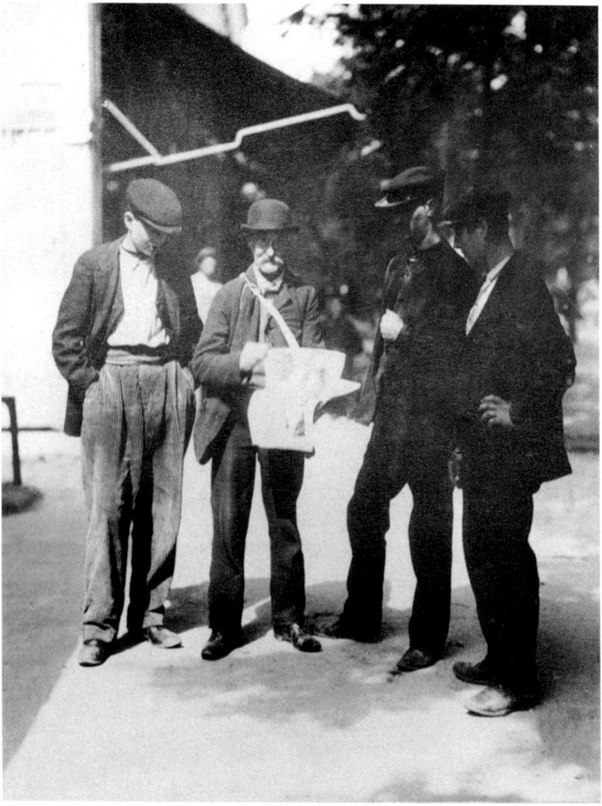

Marchand de journaux. Août 1900

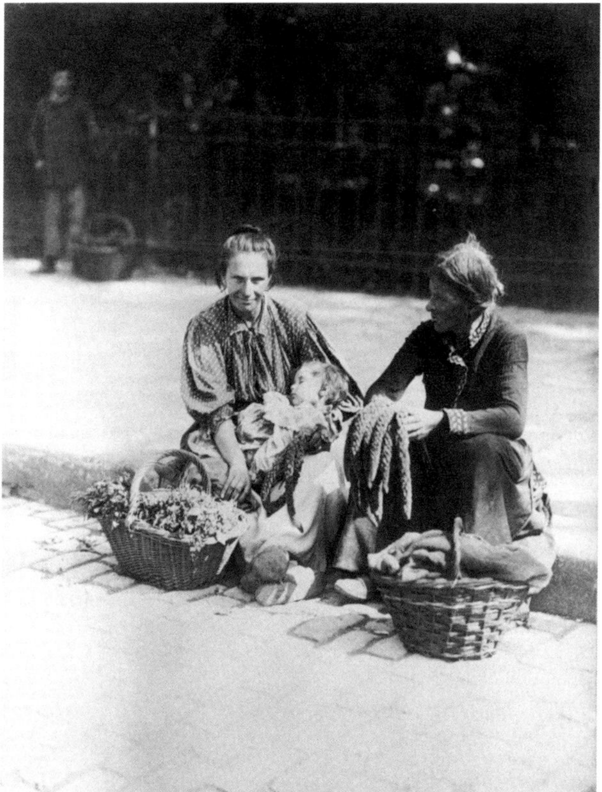

Place Saint-Médard, 5e arr. Marchandes d'herbes, 1899

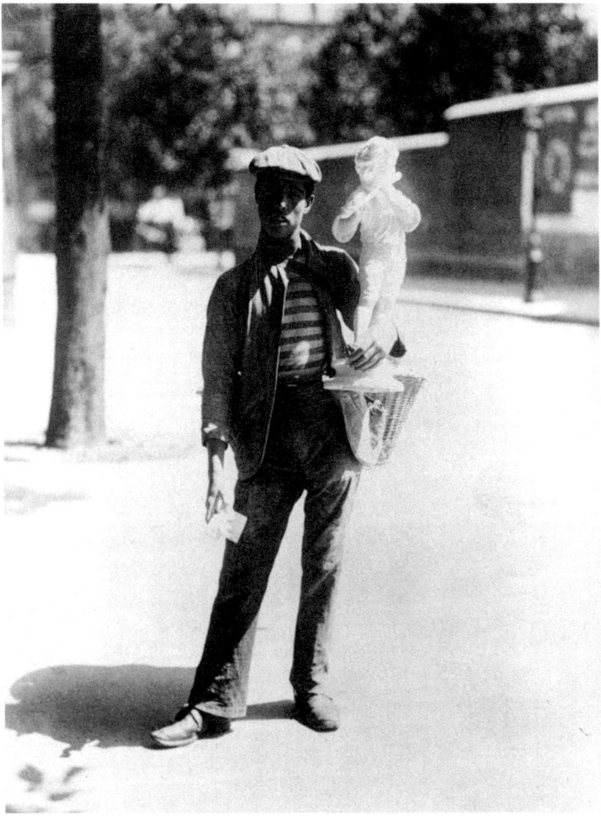

Marchand de moulages, avenue de l'Observatoire, vers 1900

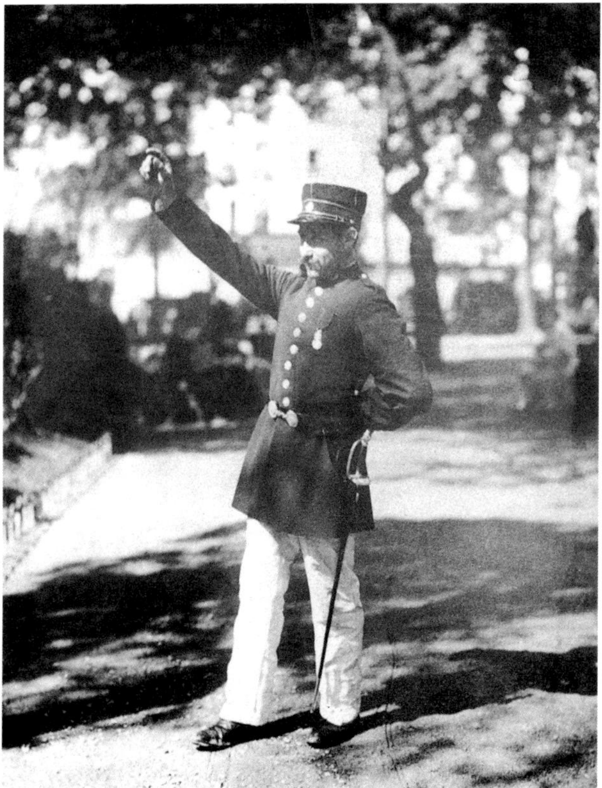

Gardien de square, 1898-1900

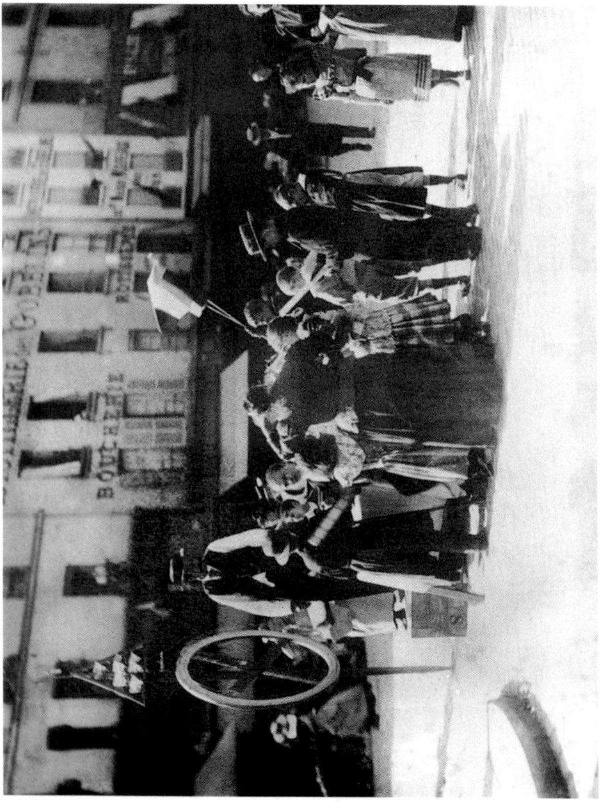

Loterie, 1898-1900

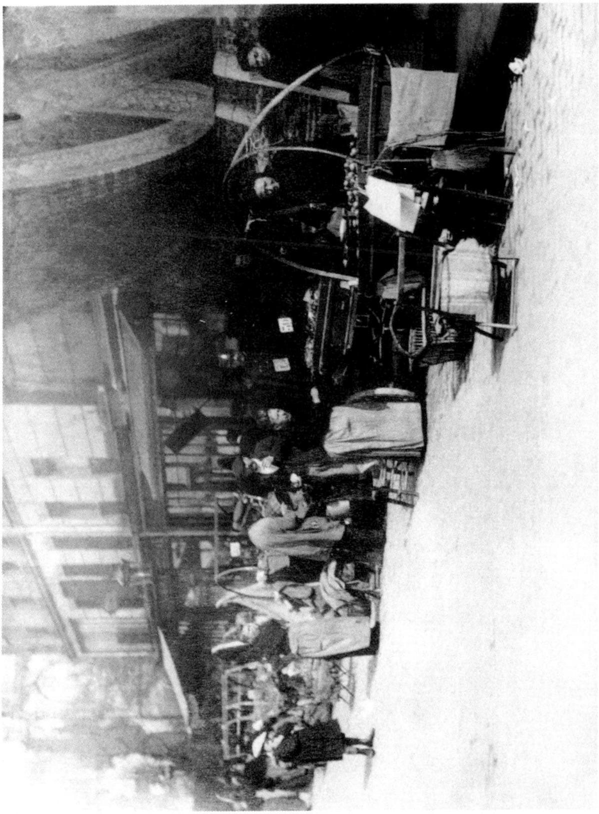

Place Saint-Médard. 1898

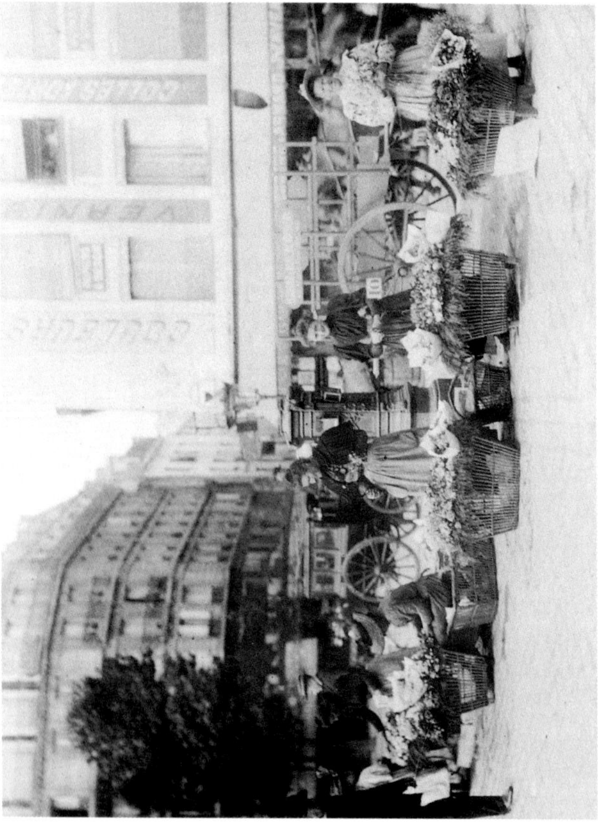

Marchandes de fleurs. Place de la Bastille. 1898

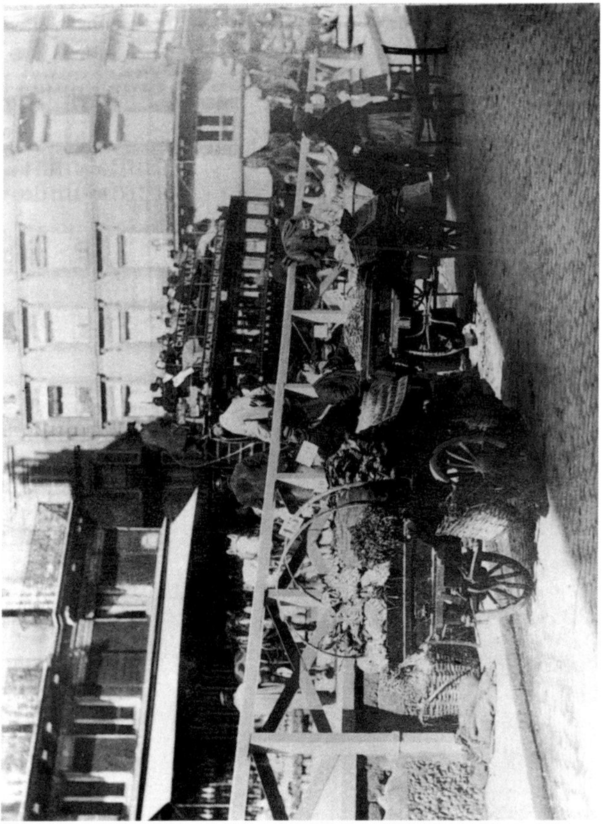

Marchands de quatre-saisons, omnibus Châtelet-Villejuif, 1898-1900

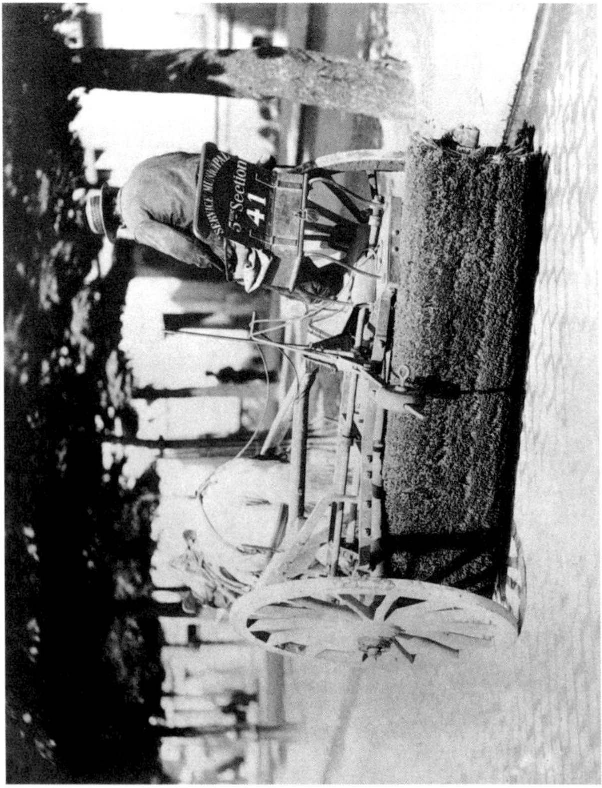

Balayeur, 1898-1900

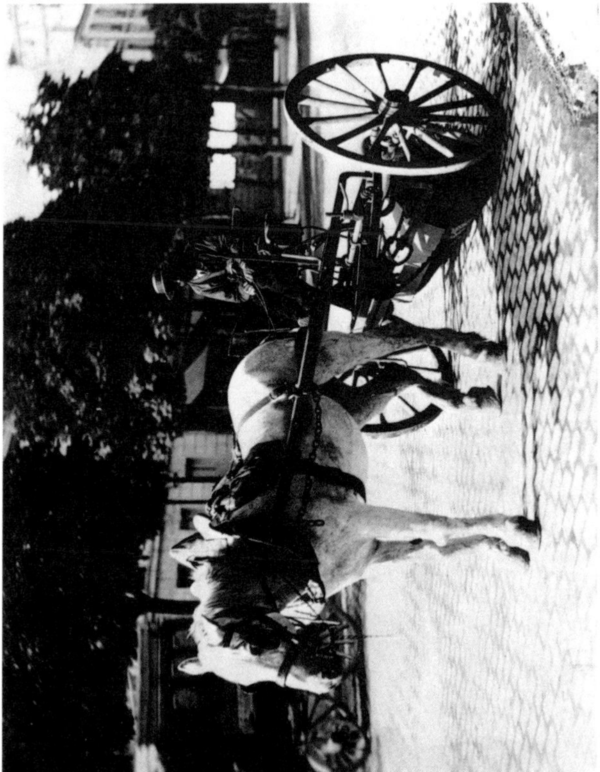

Balayeur, 1898-1900

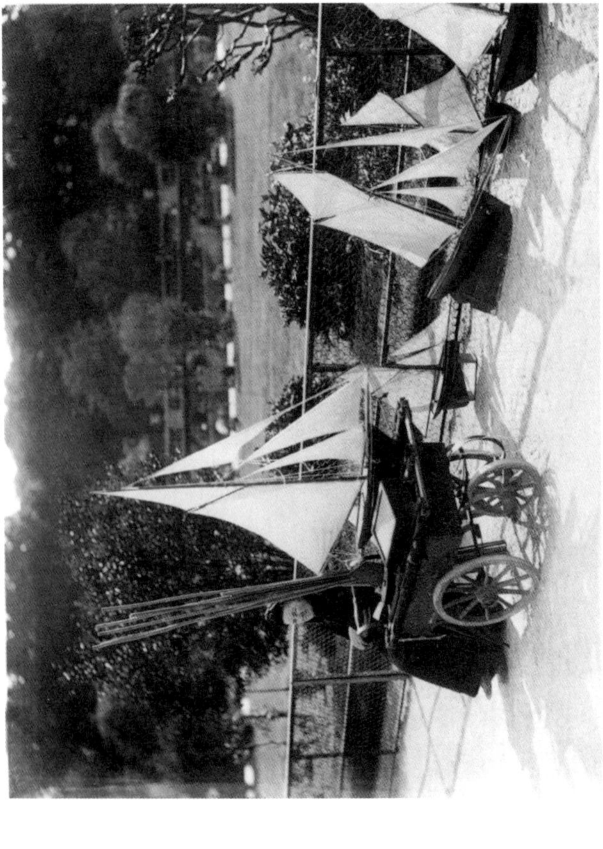

Marchande de bateaux. Luxembourg. 1899

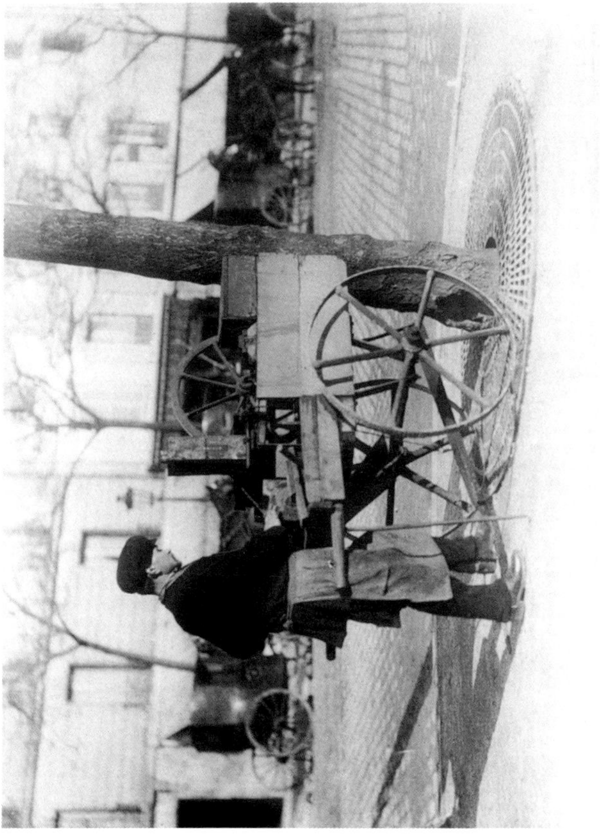

Rémouleur. 1898-1899

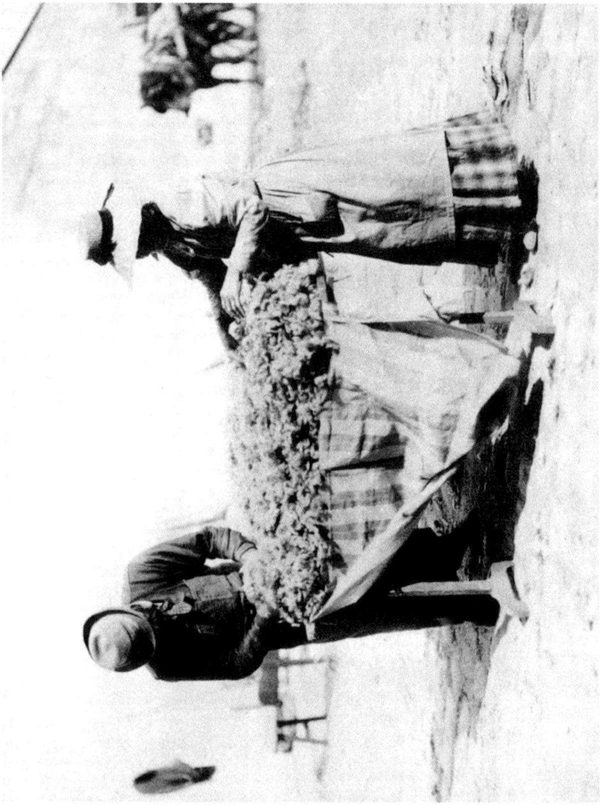

Cardeurs sur les quais, 1898-1900

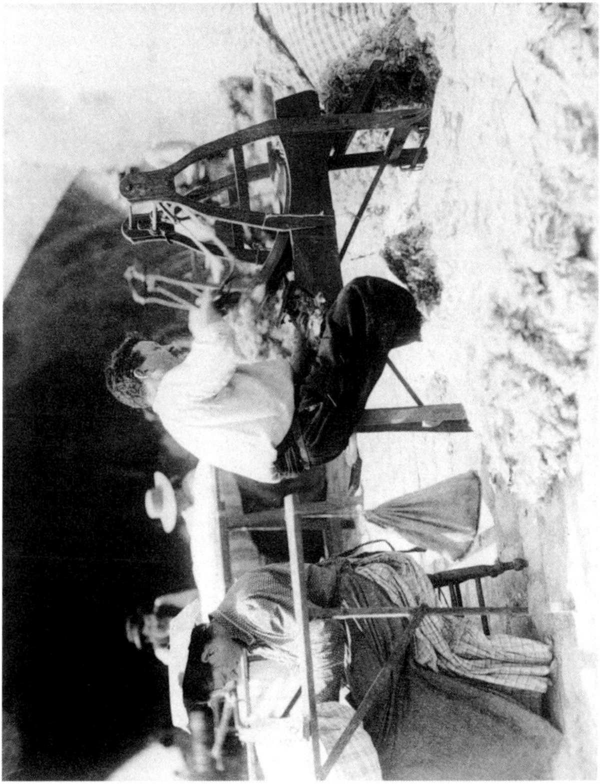

Cardeurs sur les quais, 1898-1900

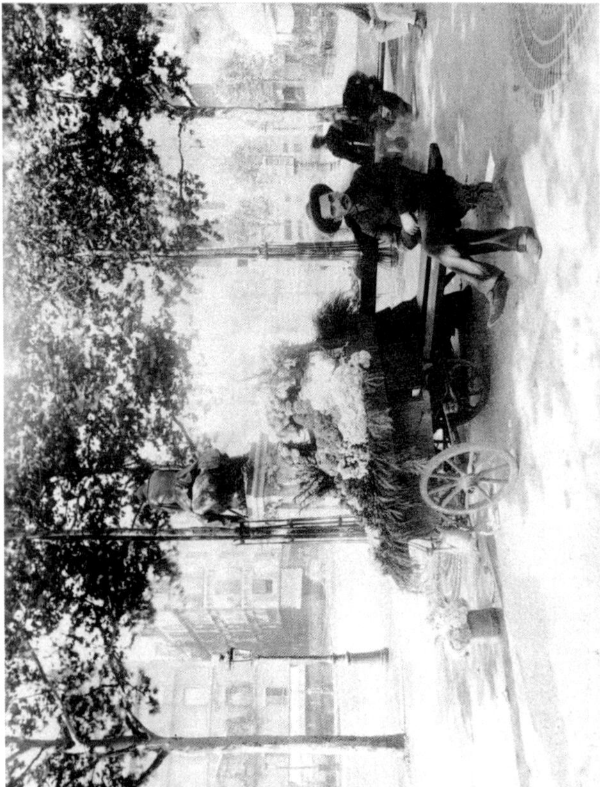

Boulevard de Clichy. 1898-1900

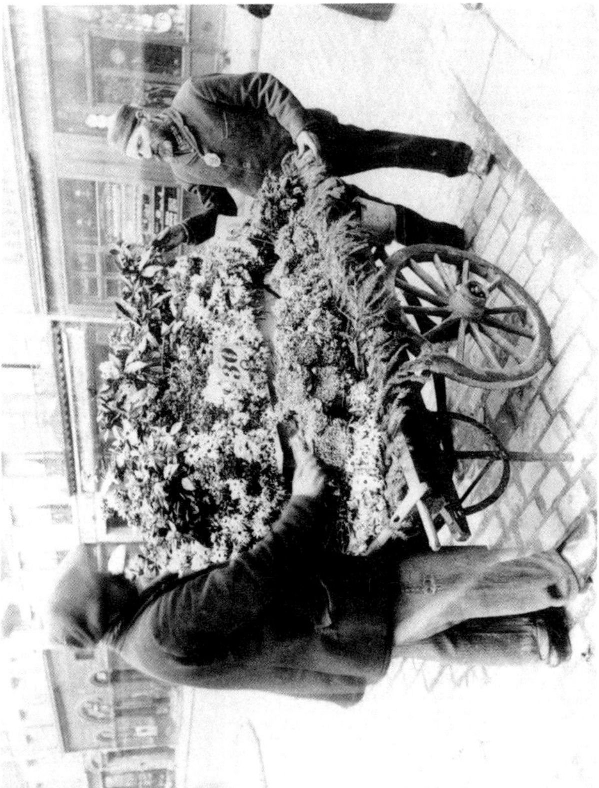

Bouquetiers, 1898-1901

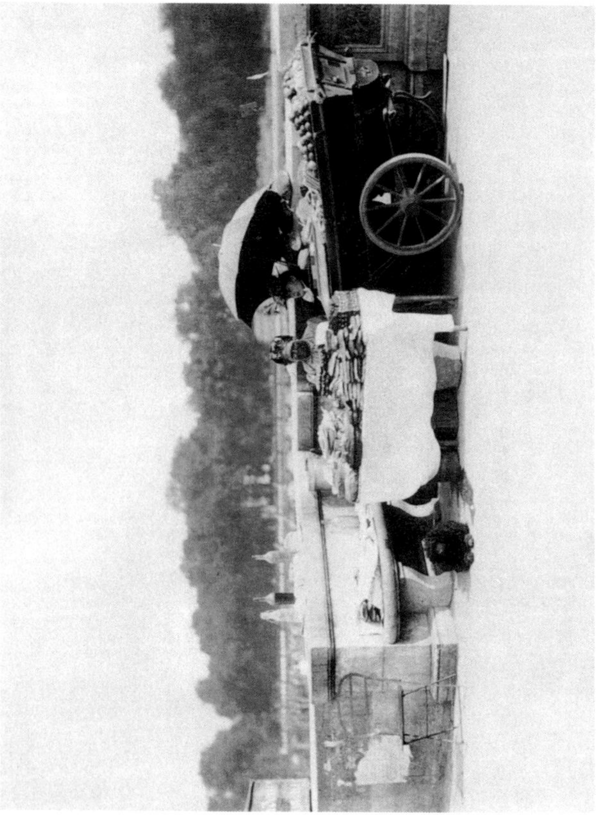

Deux marchandes sur les quais, 1898-1900

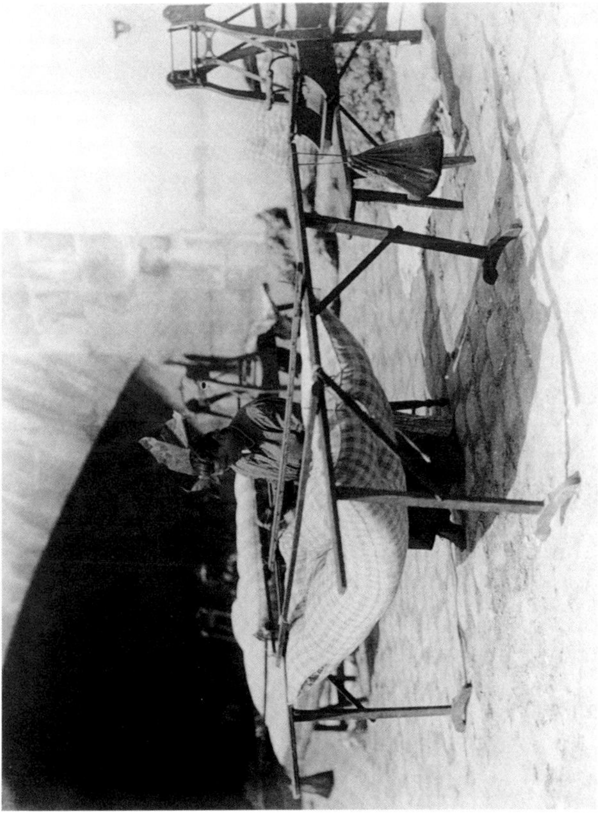

Cardeurs sur les quais, 1898-1900

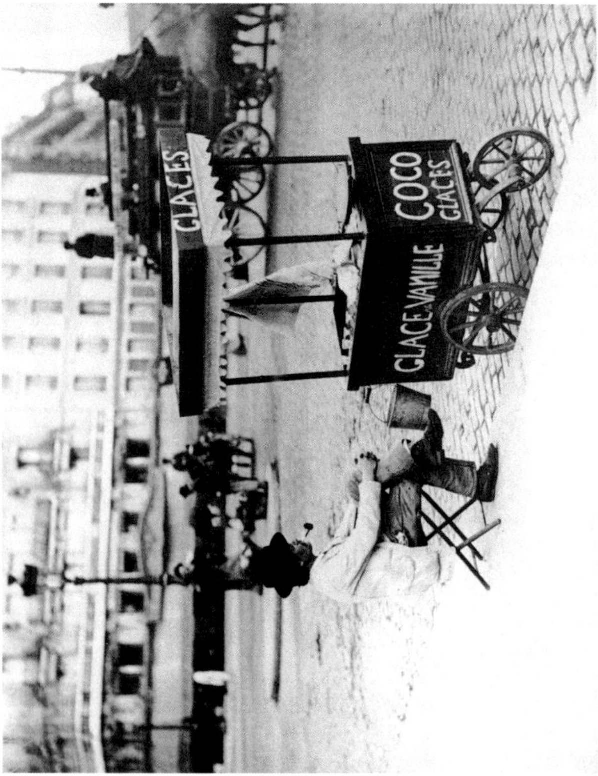

Marchand de glaces, 1898-1900

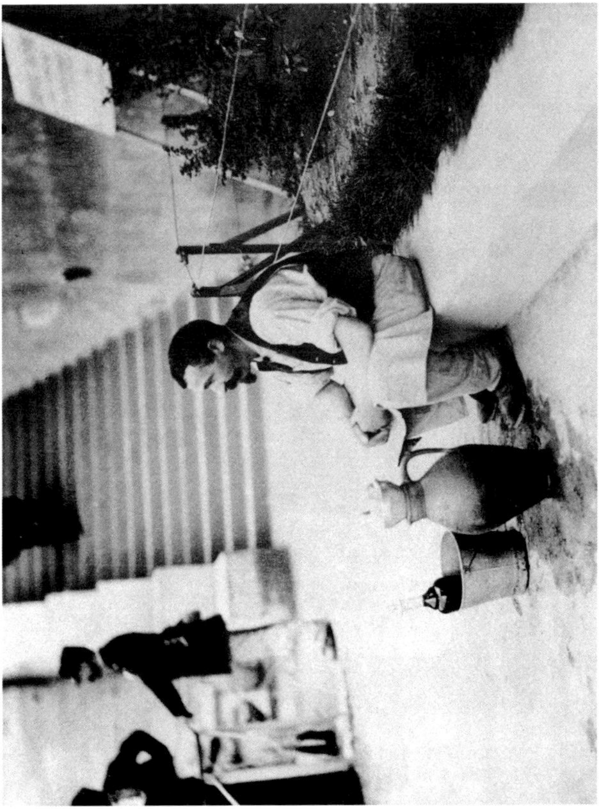

Marchand de boissons sur la voie publique, 1898-1900

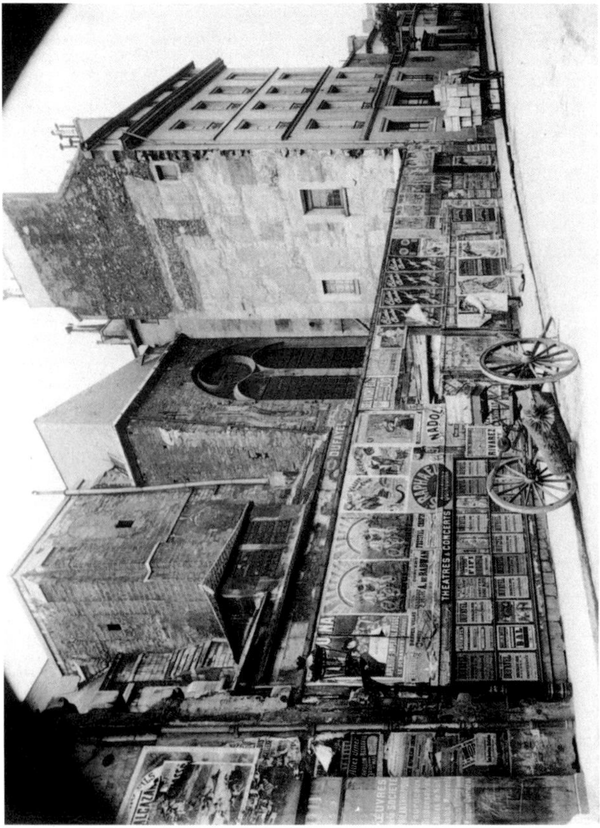

Saint-Germain-des-Prés. Rue de l'Abbaye. Colleur d'affiches, 1898

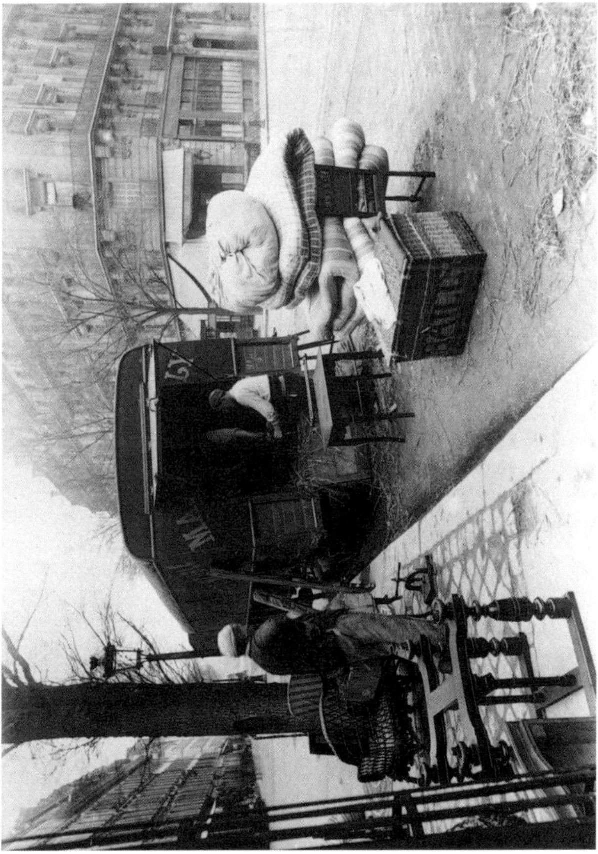

Déménageurs, Boulevard Saint-Michel, 1898-1900

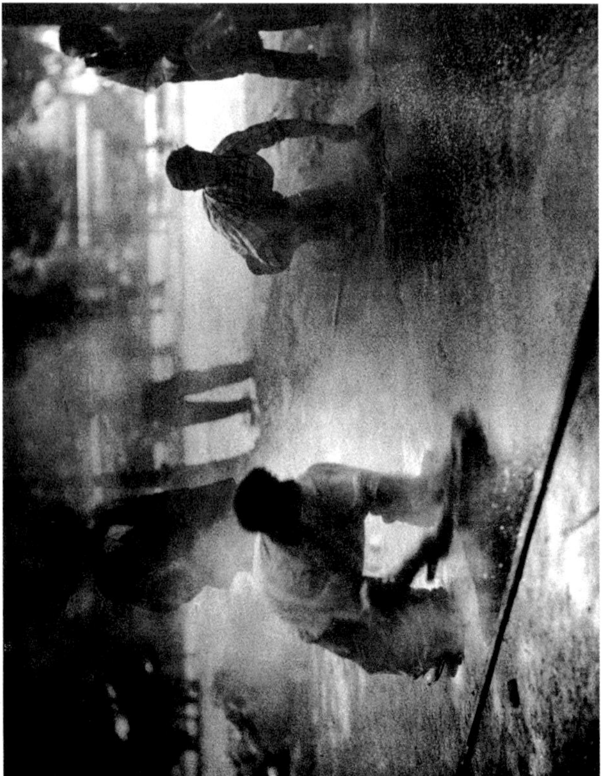

Bitumiers. 1899-1900

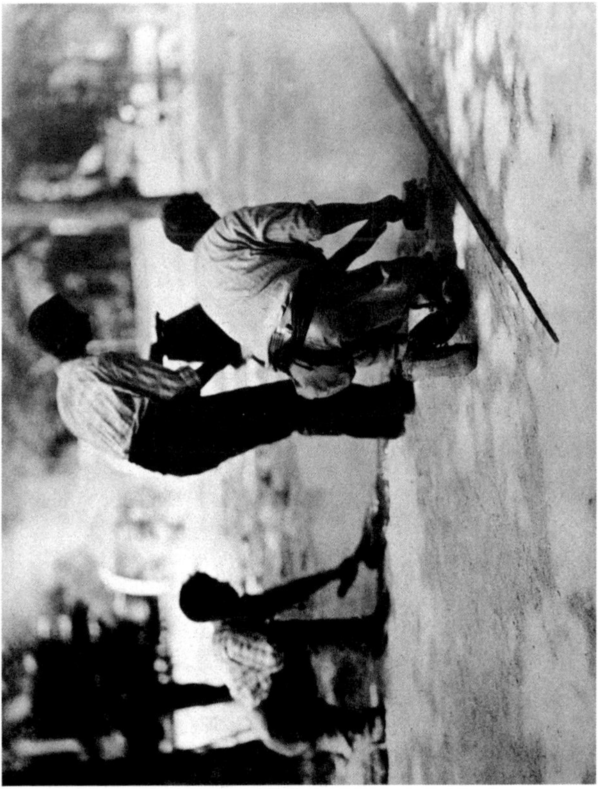

Bitumiers. 1899-1900

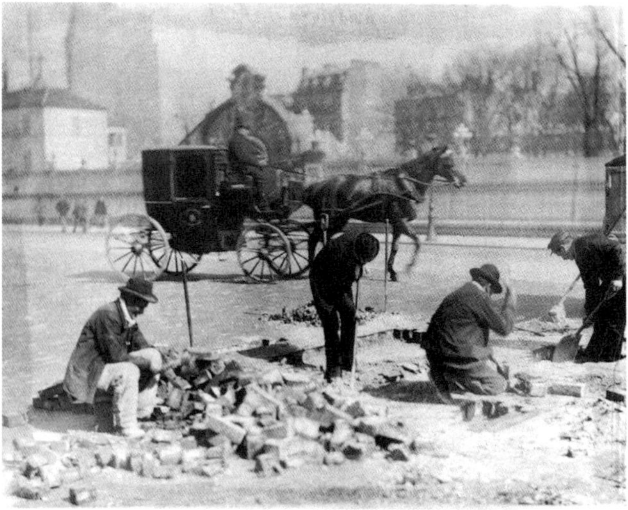

Paveurs en bois. 1898

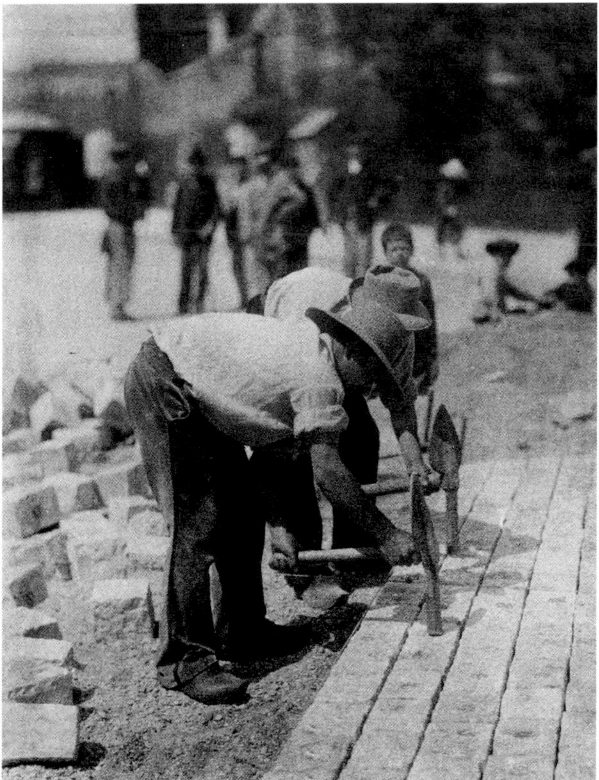

Paveurs. 1899-1900

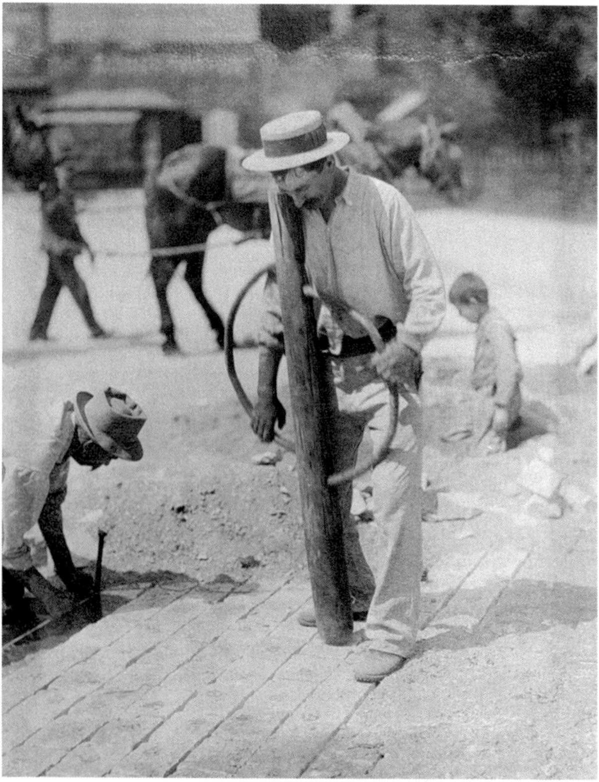

Paveurs. 1899-1900

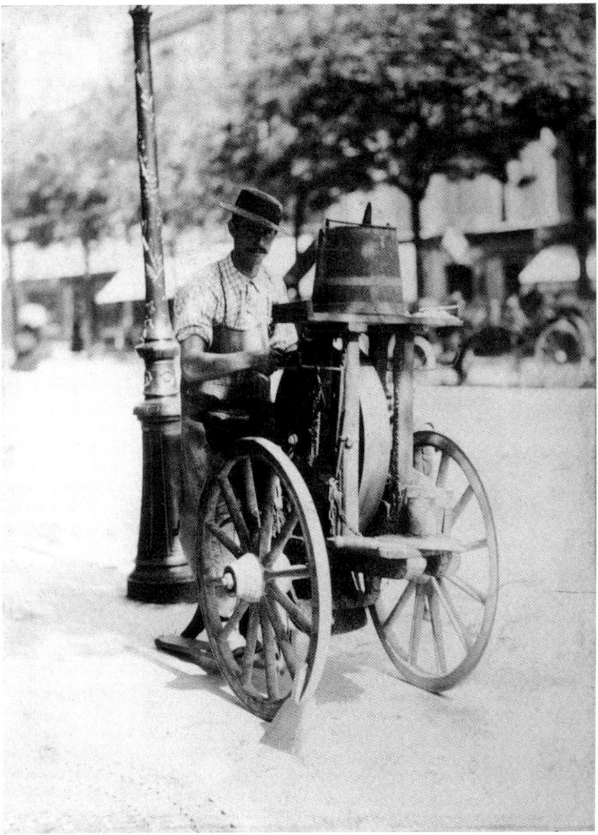

Rémouleur, septembre 1899

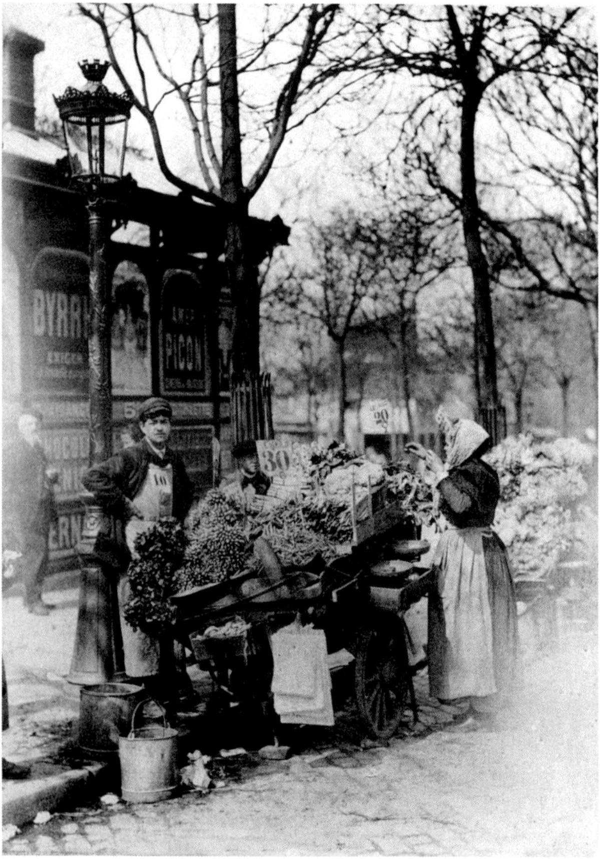

Marchands de quatre-saisons, 1898-1900

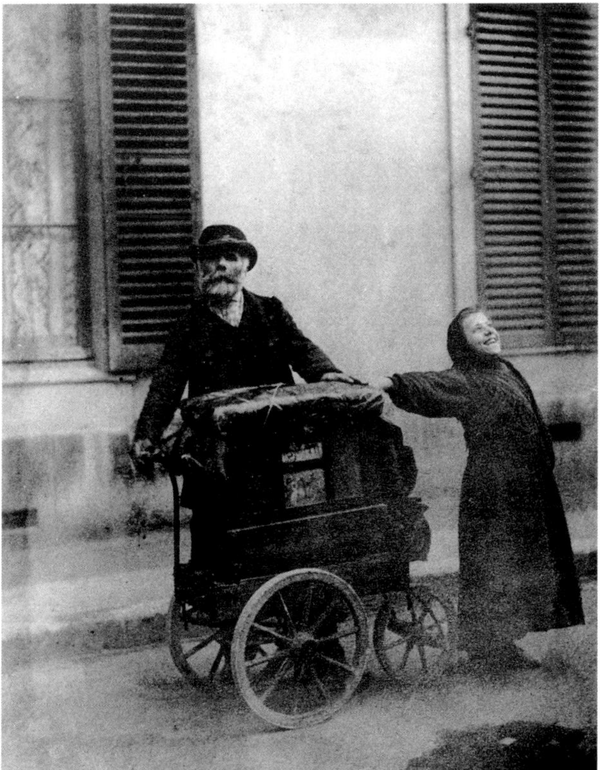

Joueur d'orgue, 1898-1899

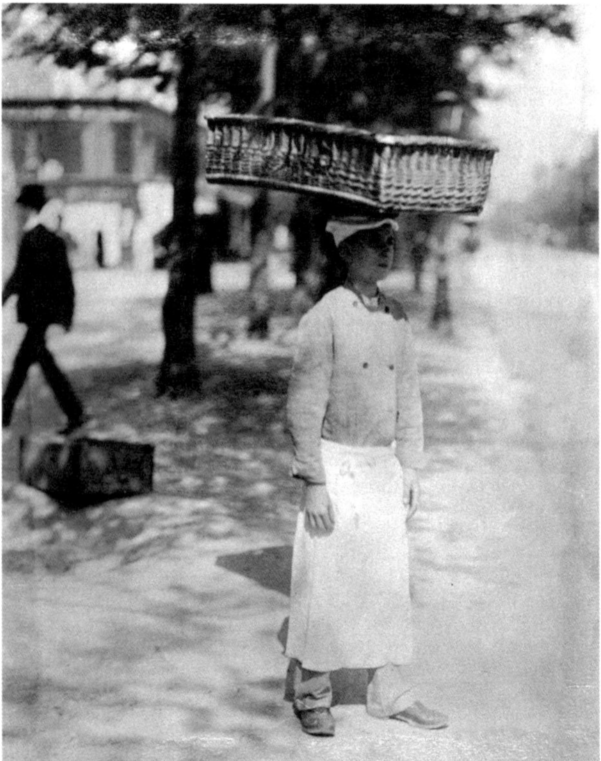

Mitron. 1898-1900

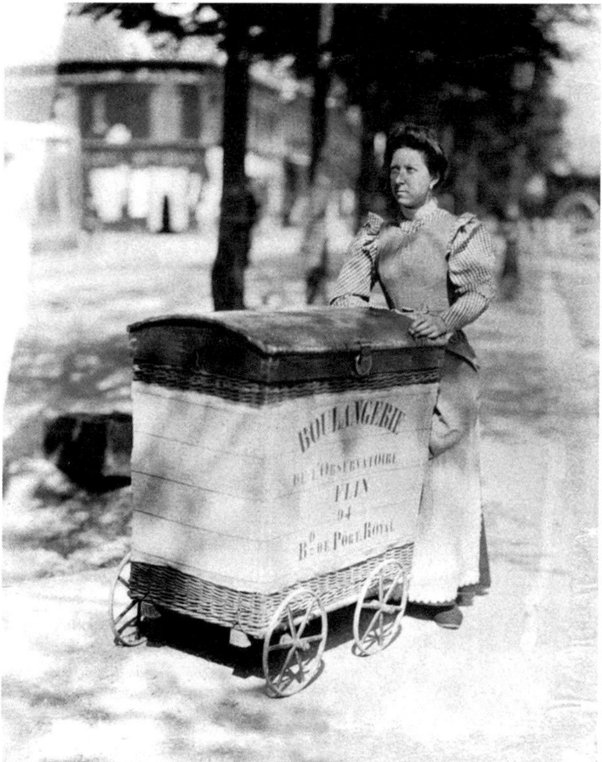

Porteuse de pain. 1899-1900

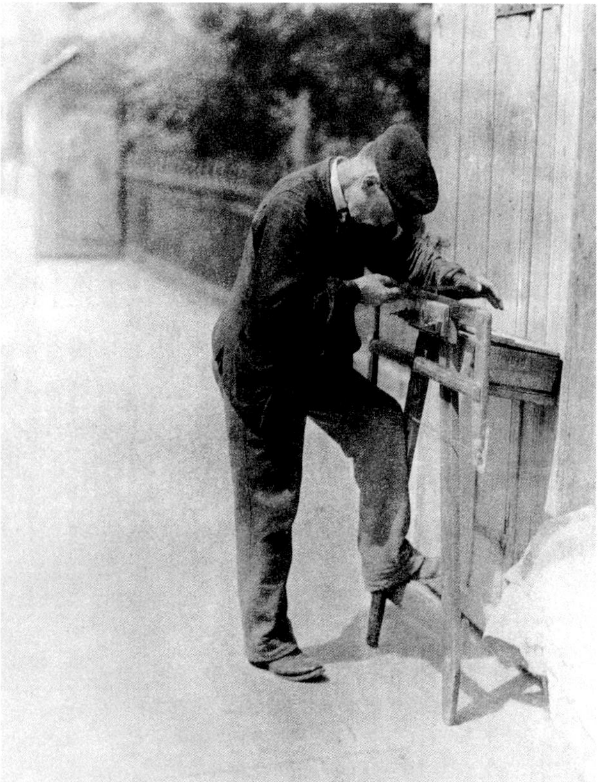

Rémouleur. Juillet 1900

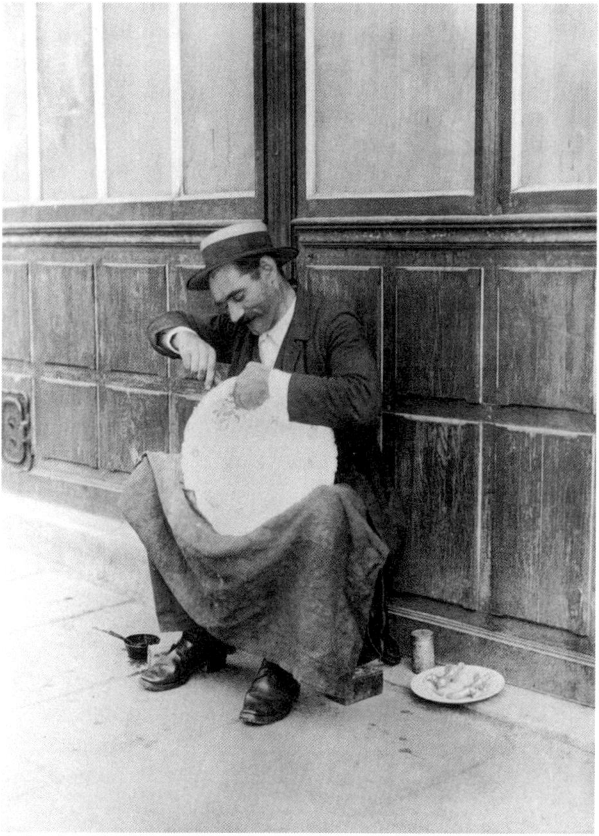

Raccommodeur de porcelaine, 1899

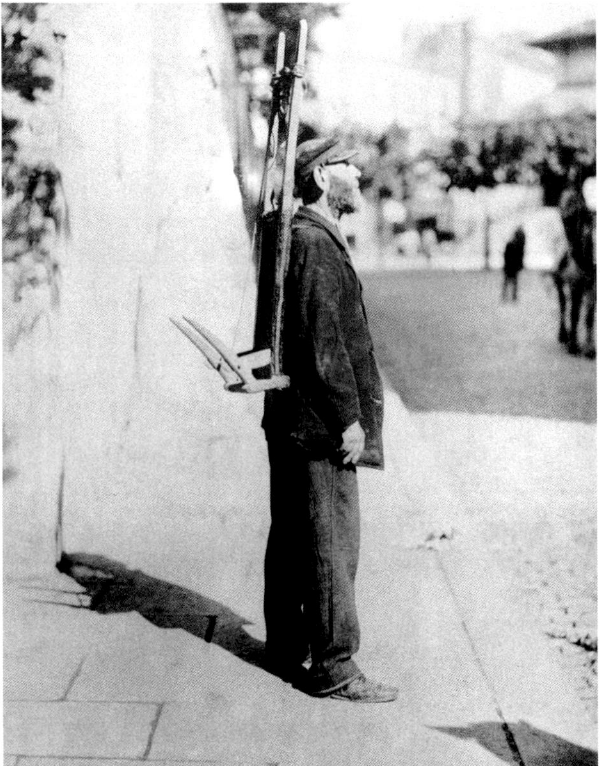

Portefaix, septembre 1898

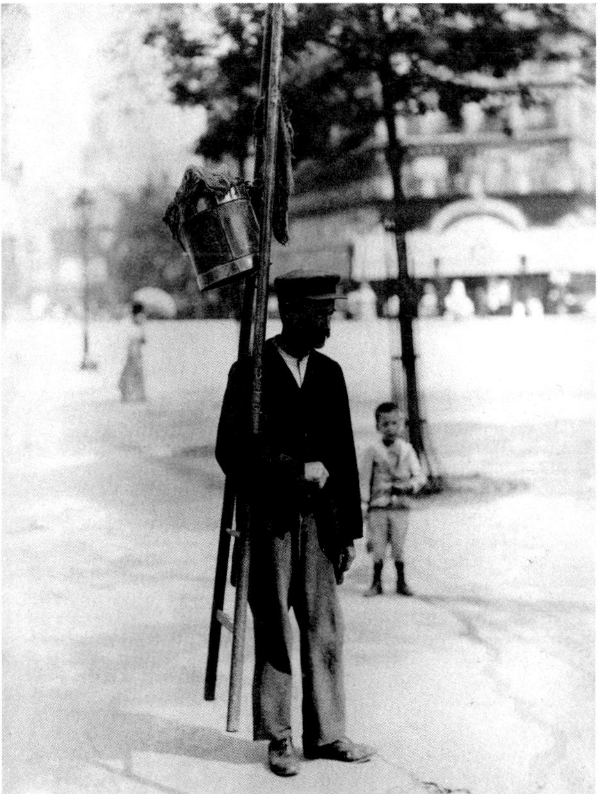

Laveur de vitres, juin 1901

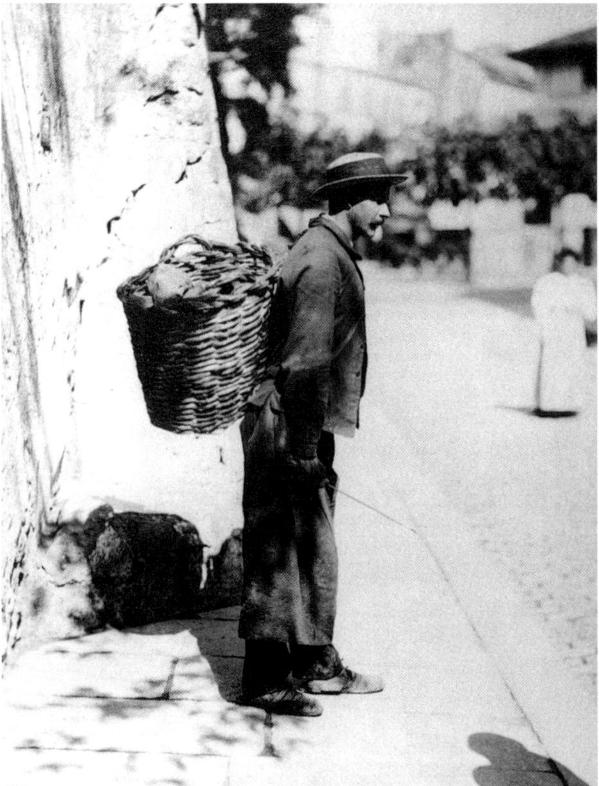

Quartier Mouffetard, 5ᵉ arr. Chiffonnier, août 1899

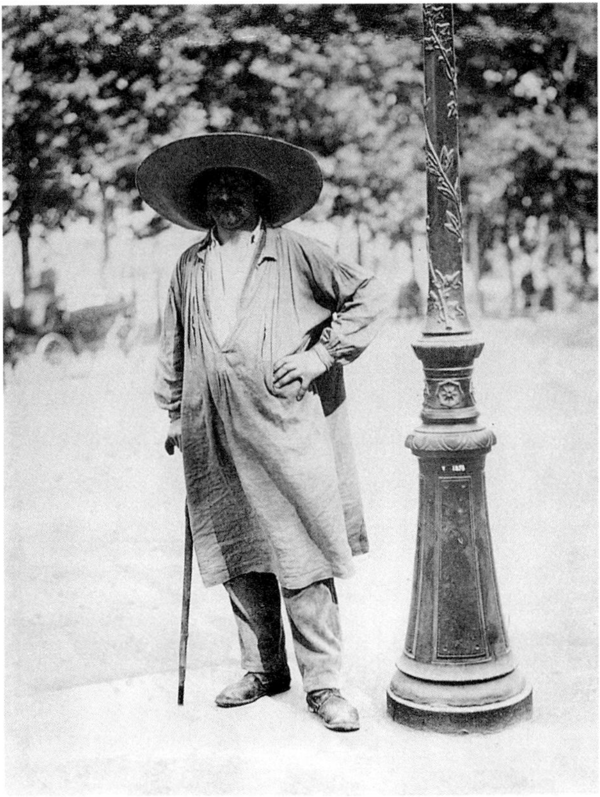

Fort des Halles, 1898-1900

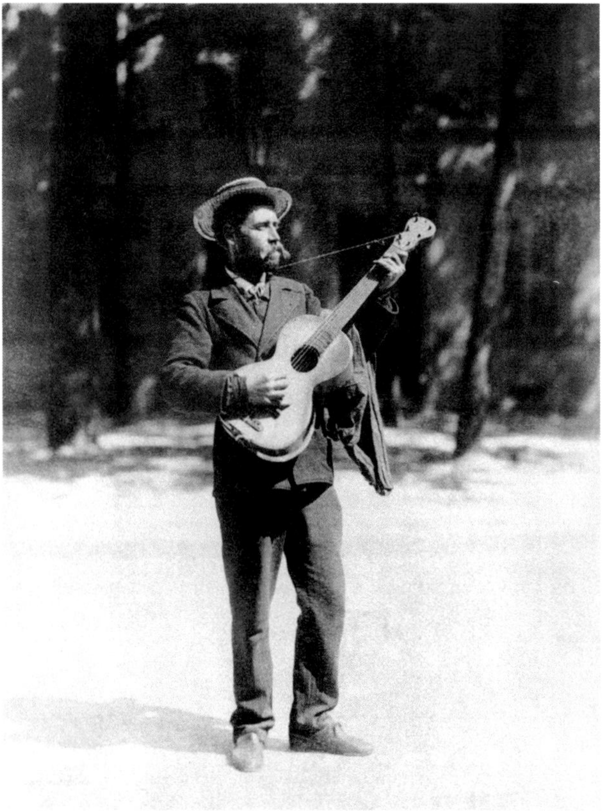

Joueur de guitare. 1899-1900

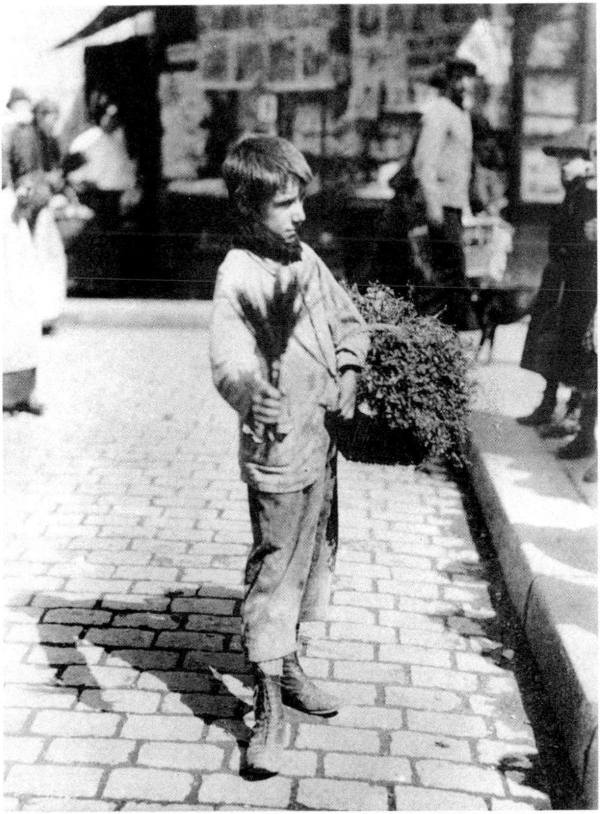

Petit métier. Marchand d'herbes, place Saint-Médard, 1898-1899

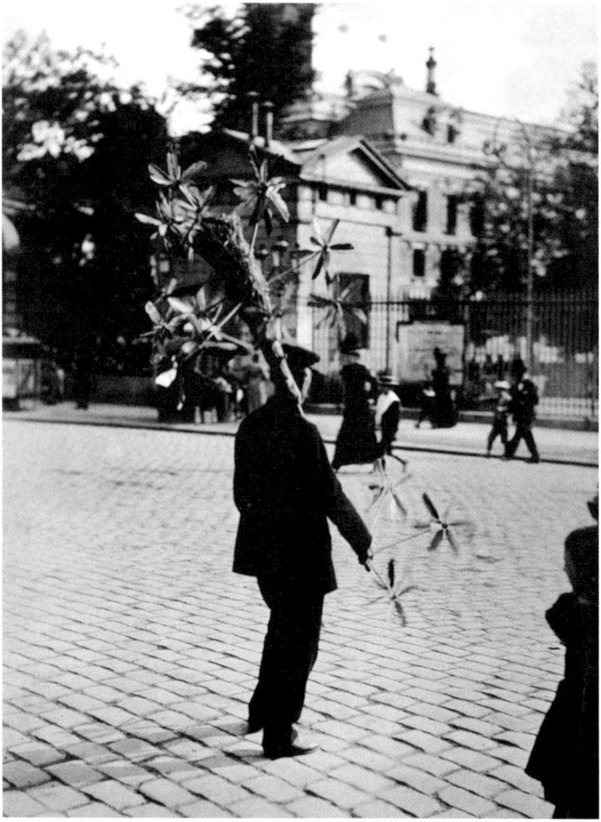

Jardin des Plantes. Place Valhubert. 1899

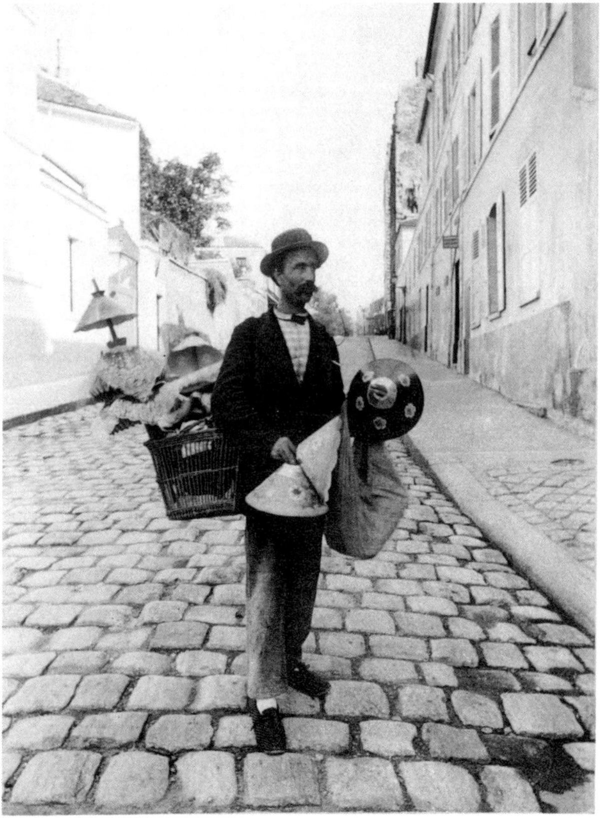

Marchand d'abat-jour. Rue Lepic, 1899-1900

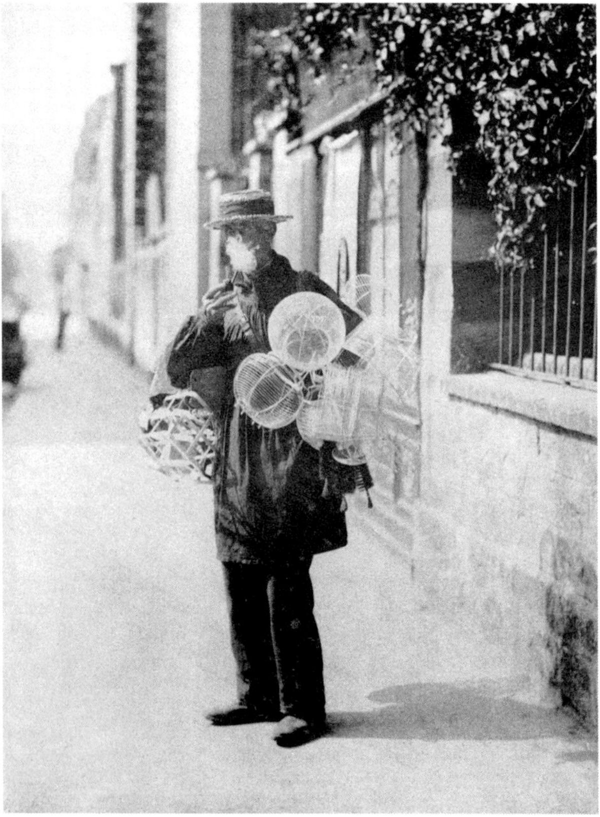

Marchand de paniers de fil de fer. 1899-1900

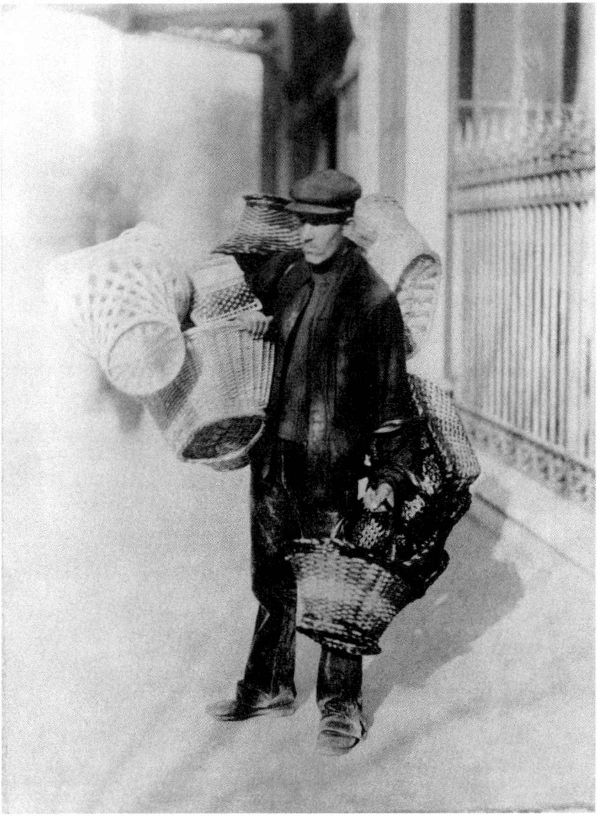

Marchand de paniers. Octobre 1899

Enseignes et vieilles boutiques

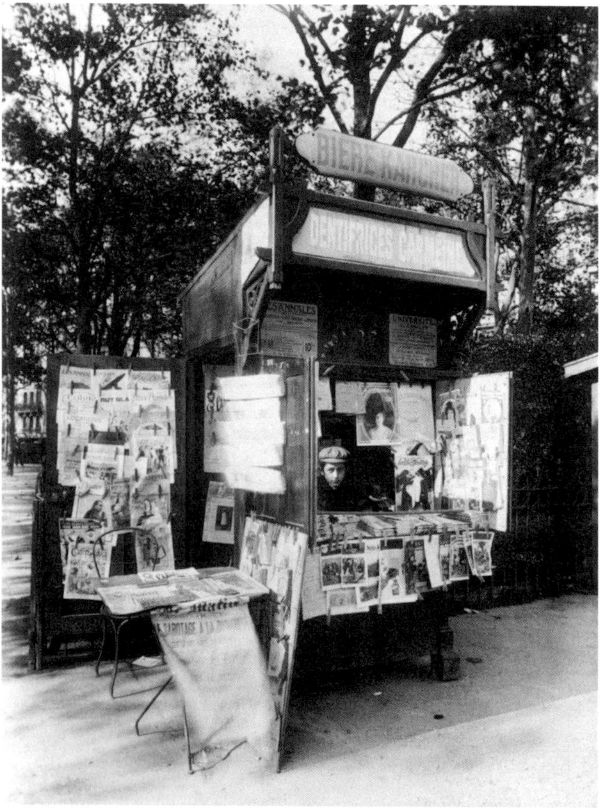

Kiosque à journaux, square du Bon-Marché. 1910-1911

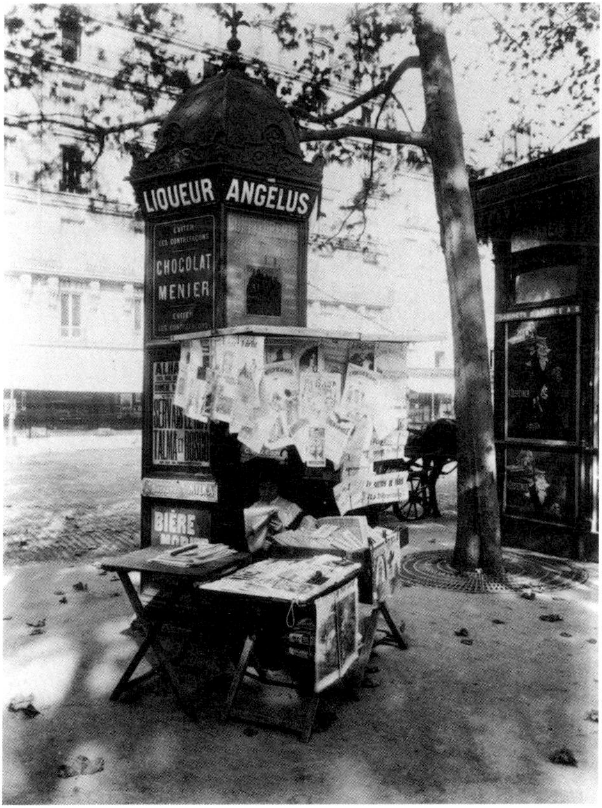

Kiosque à journaux, place Saint-Sulpice. 1910-1911

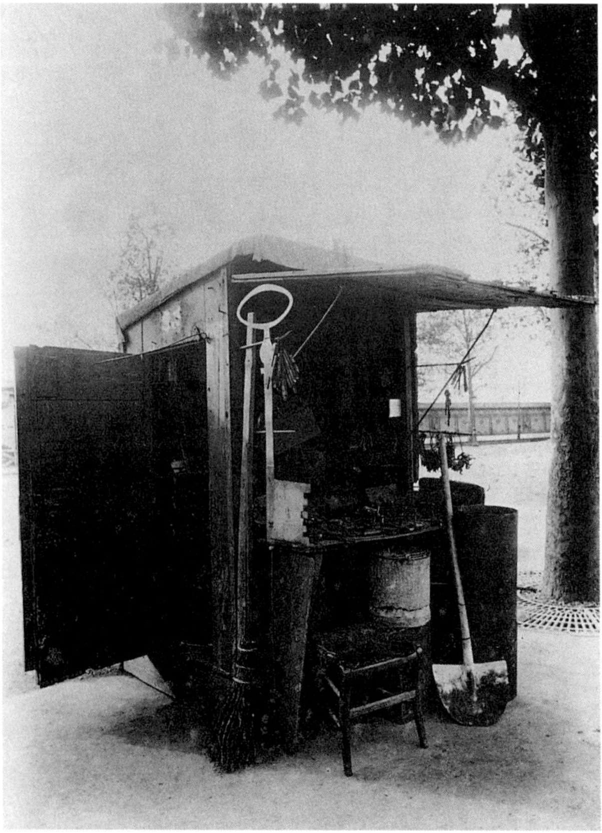

Petit marchand de clefs, quai de la Rapée. 1910-1911

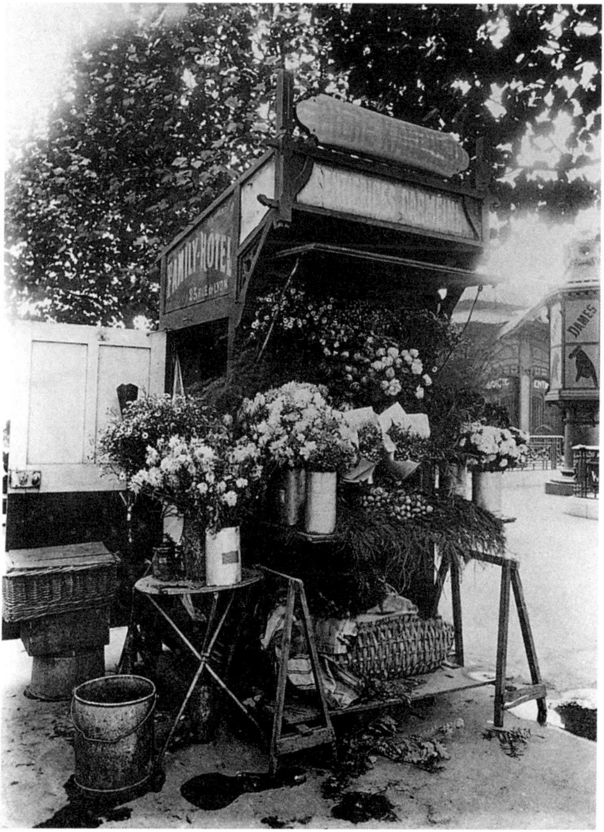

Petite boutique de fleurs, place de la Bastille. 1910-1911

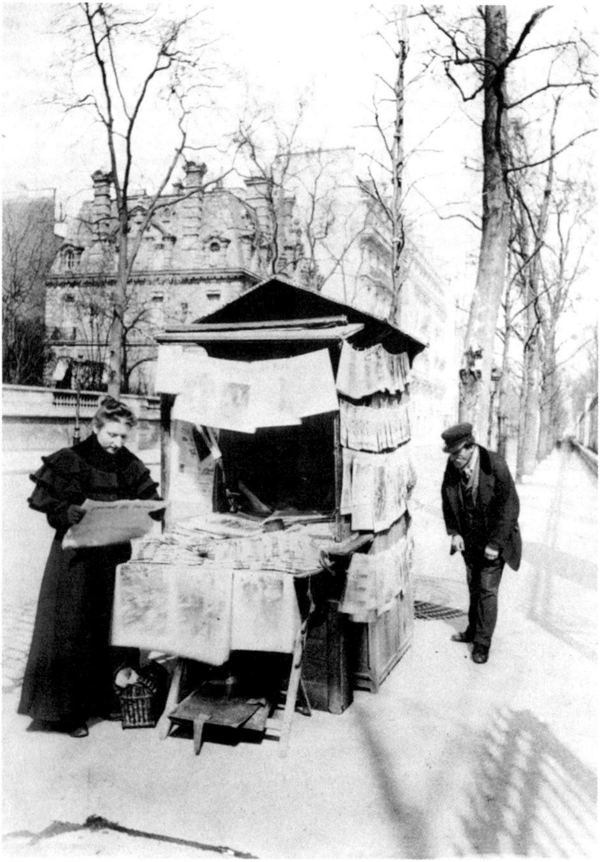

Marchand de journaux, 1898-1900

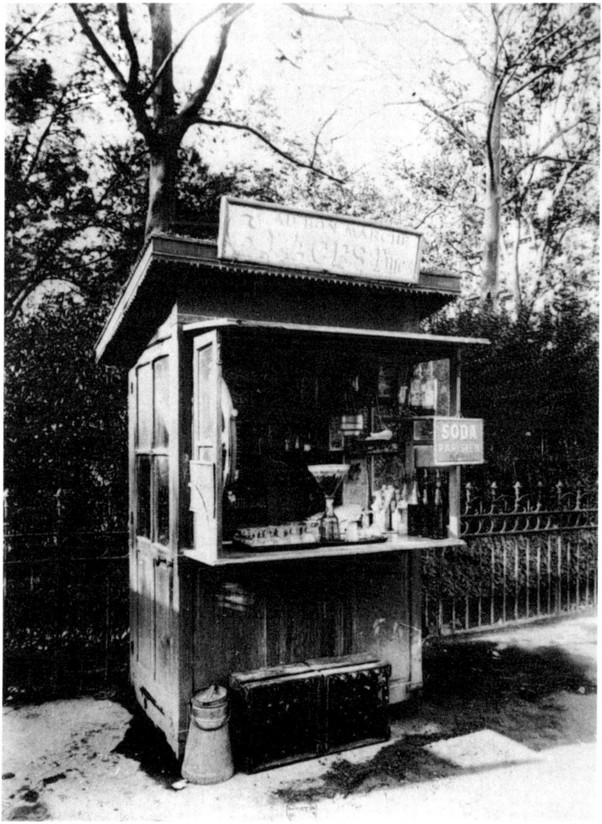

Marchand de glaces, square du Bon-Marché. 1910-1911

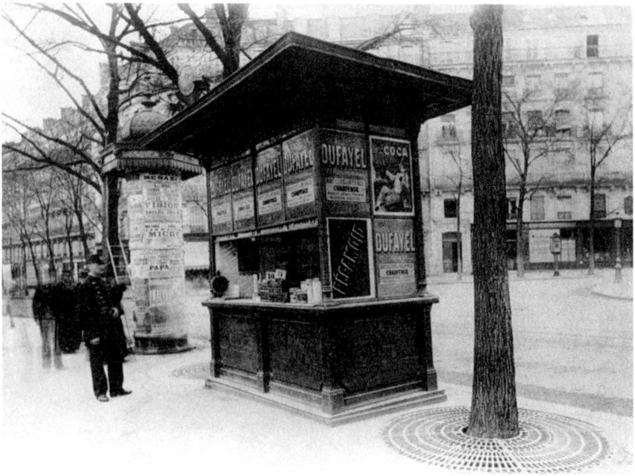

Boulevard Saint-Michel. Kiosque, 1898

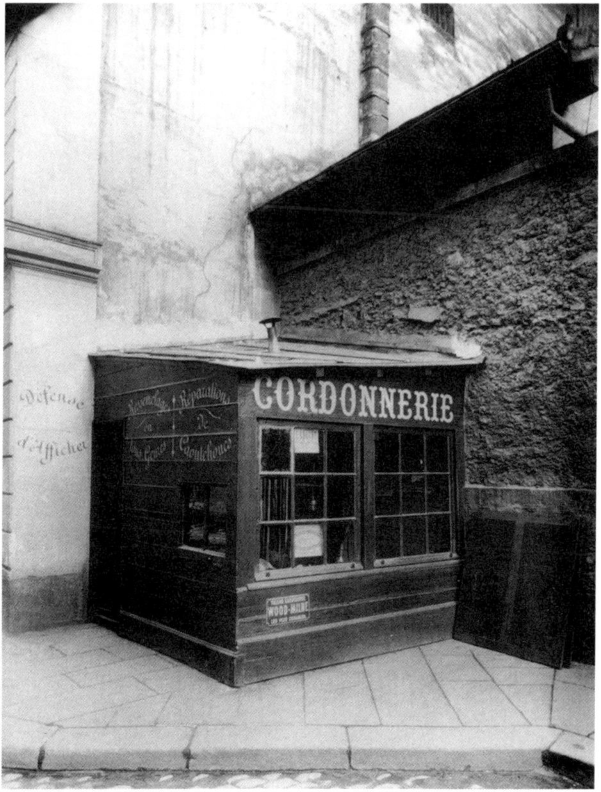

Échoppe de cordonnerie, coin de la rue Garancière, 6e arr.

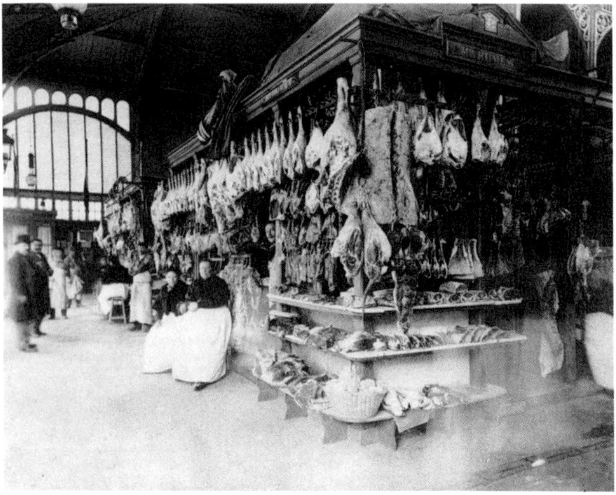

Boucherie. Les Halles. 1898-1901

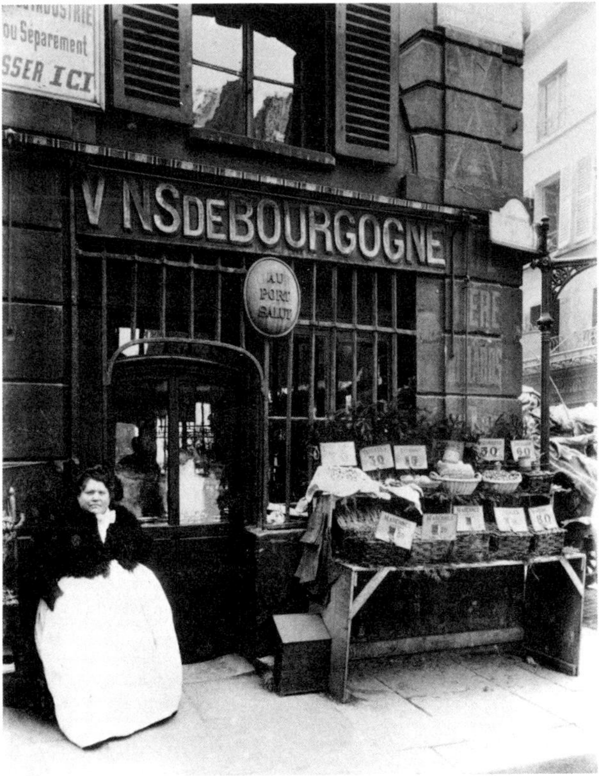

Au Port Salut, rue des Fossés-Saint-Jacques. 1903

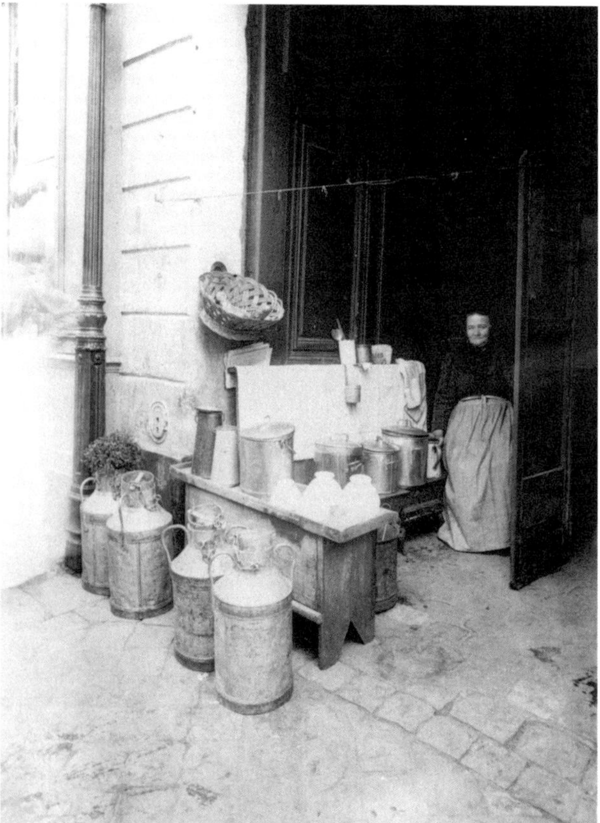

Rue Mouffetard. Marchande de café au lait, 1898-1901

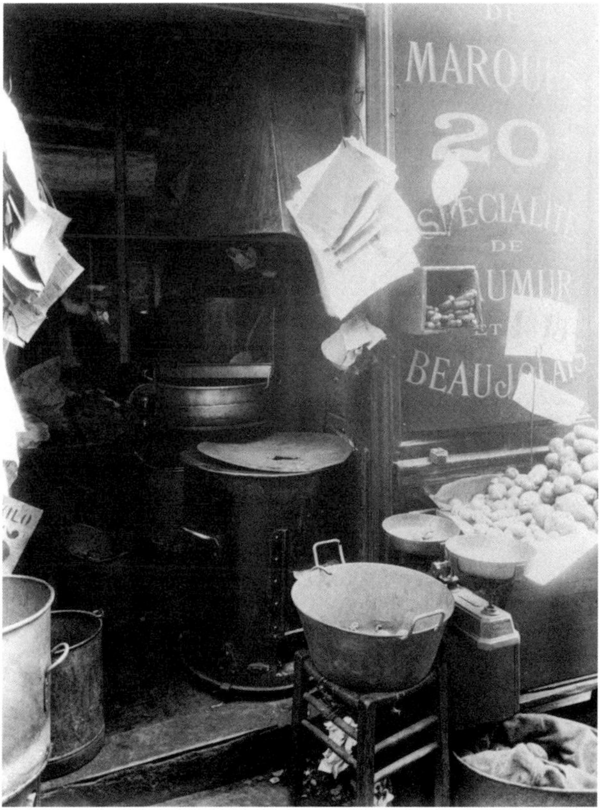

Petite boutique de friture, rue Mouffetard. 1910-1911

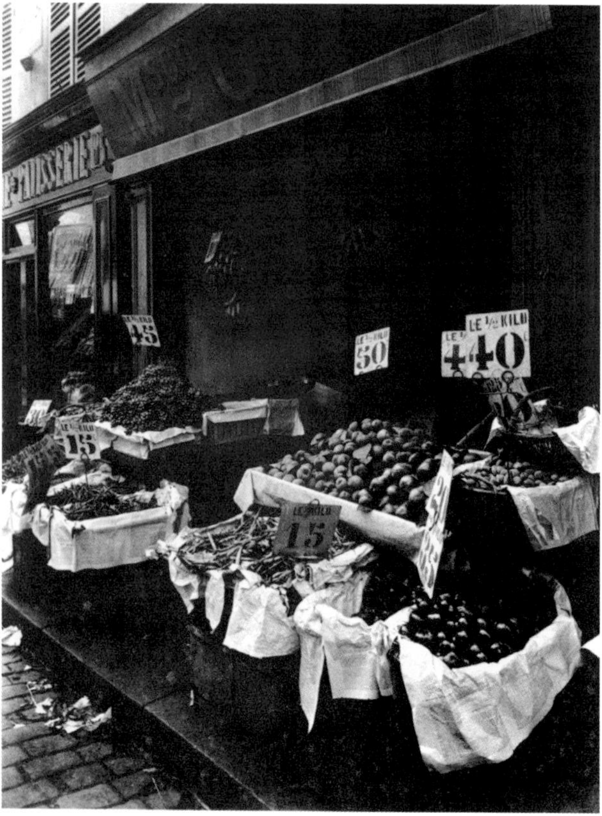

Boutique de légumes, rue Mouffetard. 1910-1911

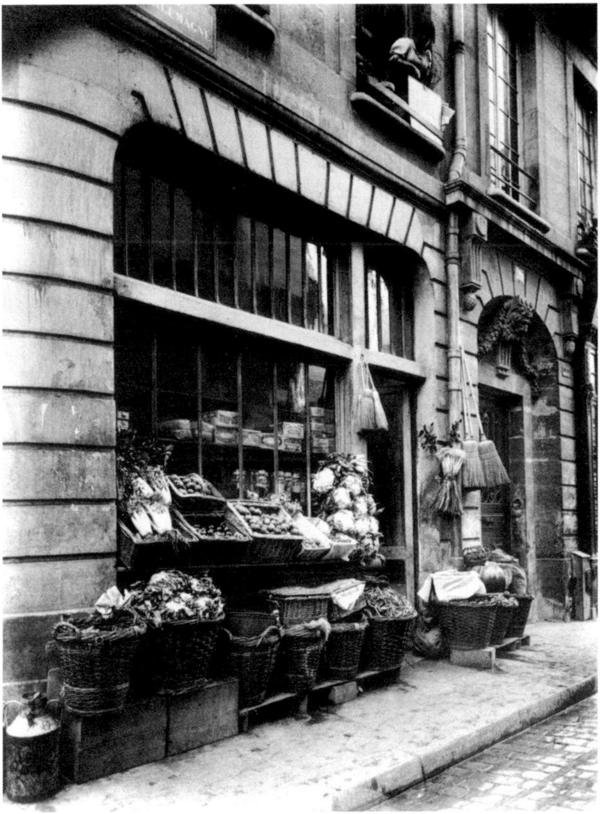

Boutique de légumes, 25, rue Charlemagne. 1910-1911

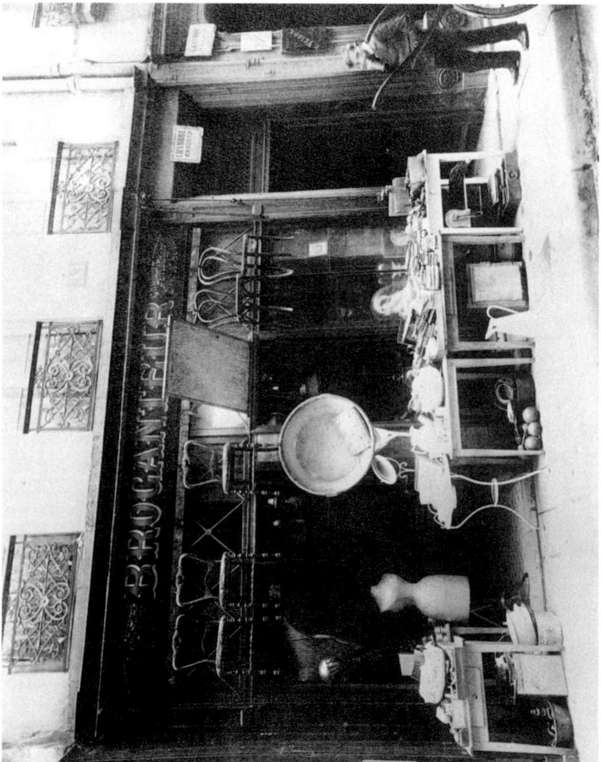

Brocanteur, 53, rue Grenéta, 2e arr. 1914

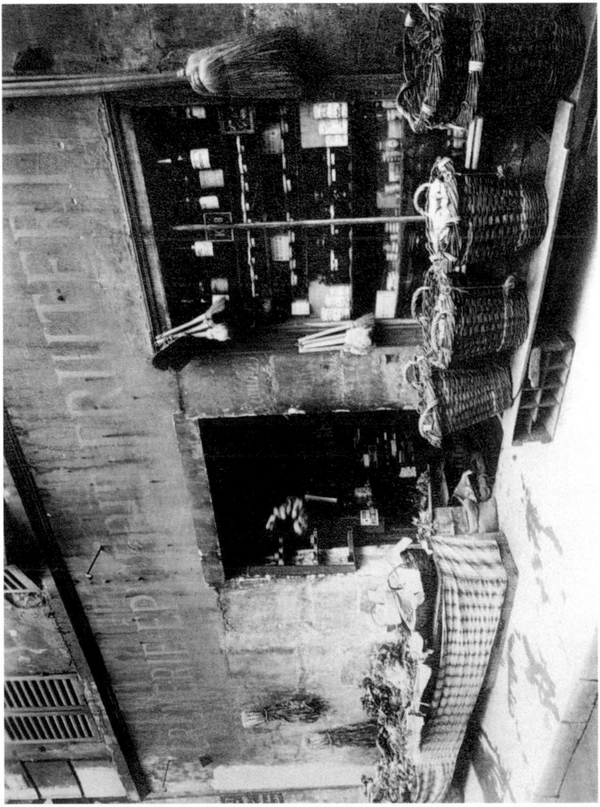

Petite épicerie, 22, rue Tournefort, 5e arr. 1912

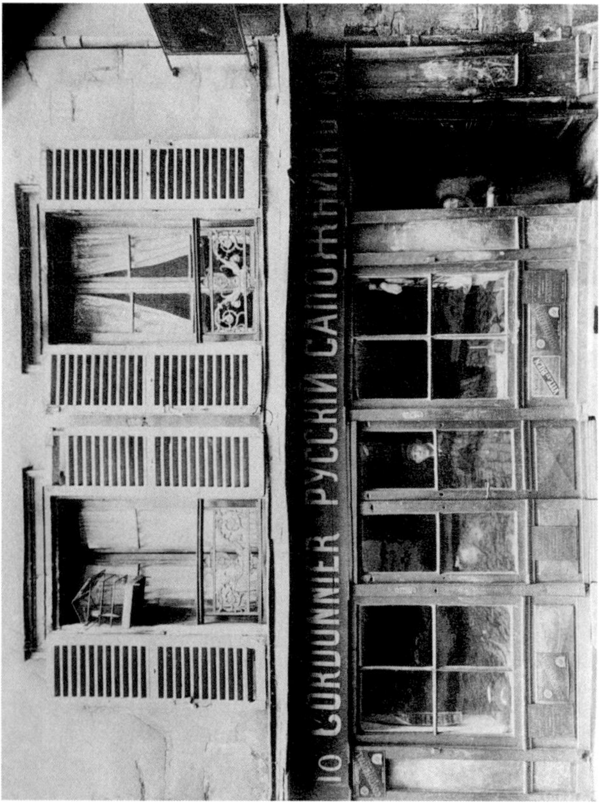

Vieille boutique, 10, rue des Lyonnais, 5ᵉ arr. 1914

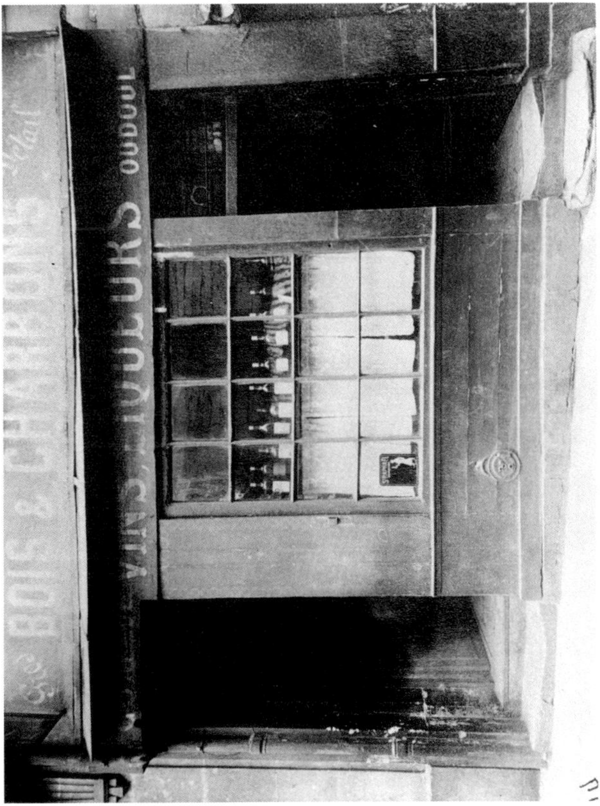

Boutique, 12, rue des Lyonnais, 5e arr. 1914

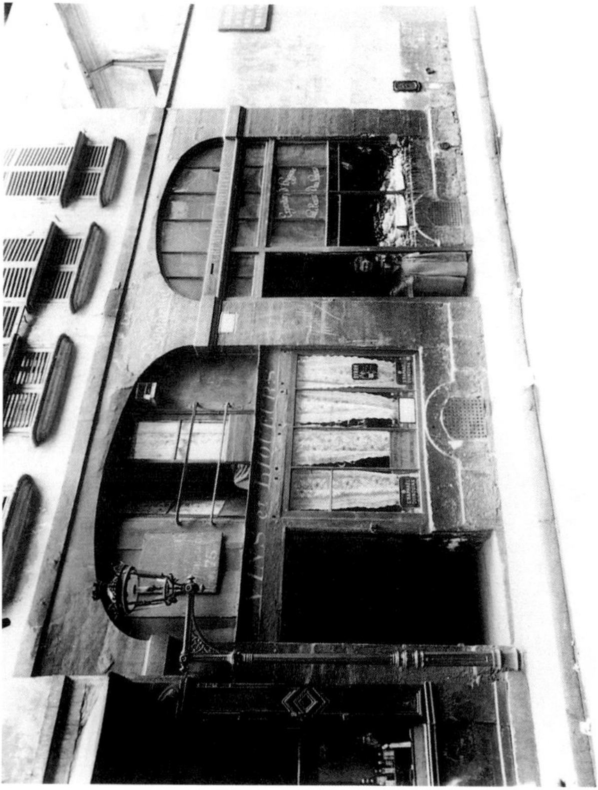

261, rue Saint-Jacques. Vieille boutique « à la Providence », avant 1915

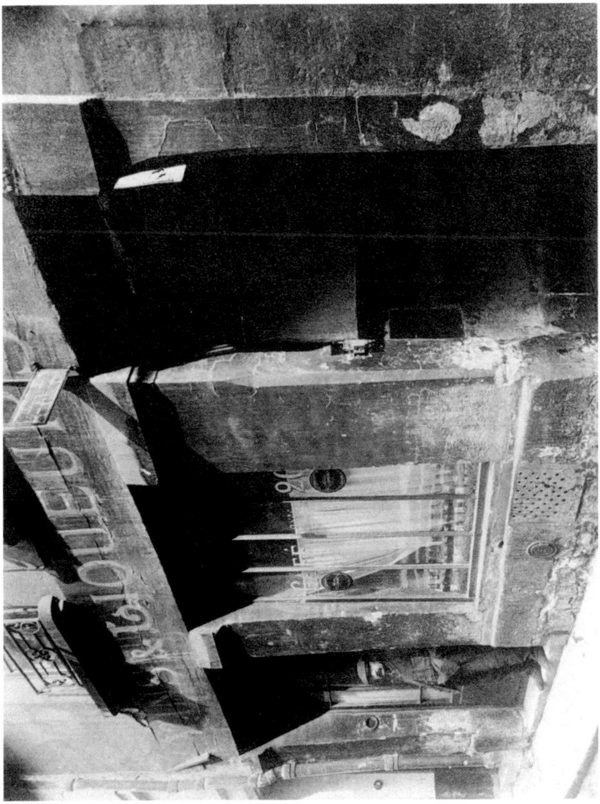

Vieille boutique, 10, rue Domat, 5e arr. 1914

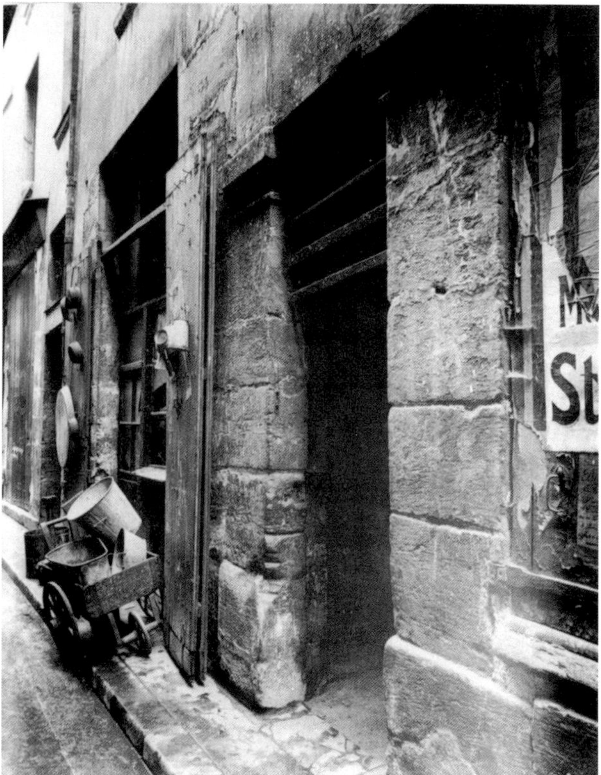

5, rue de la Reynie, 4e arr. Avant 1915

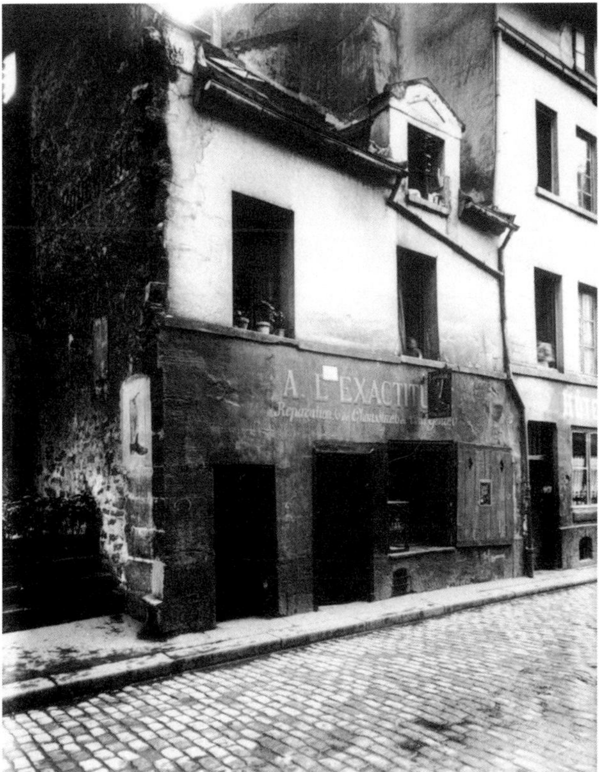

Vieille maison. 93, rue Broca. Vers 1912

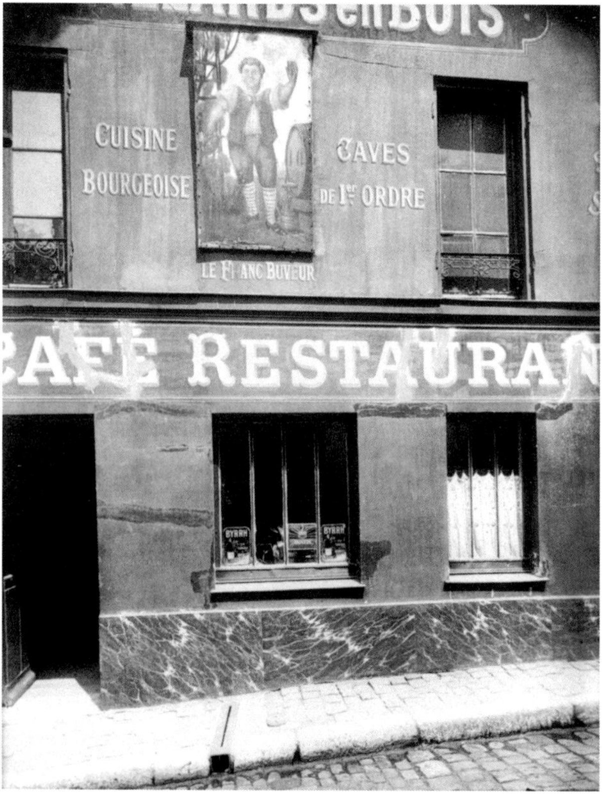

Au Franc buveur, rue Norvins, rue Saint-Rustique

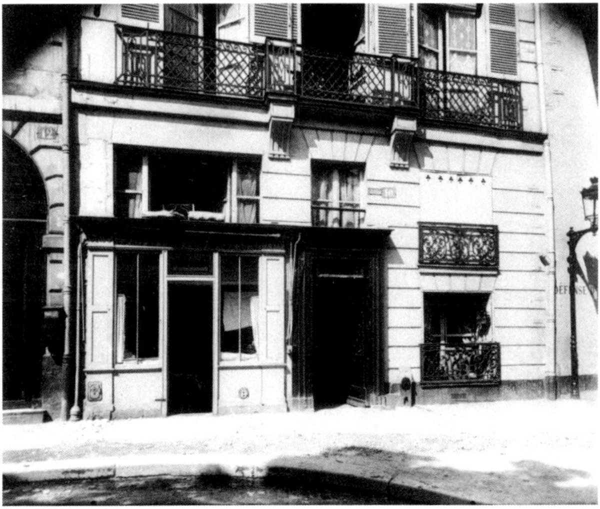

Place Dauphine, n° 10. Avant 1915

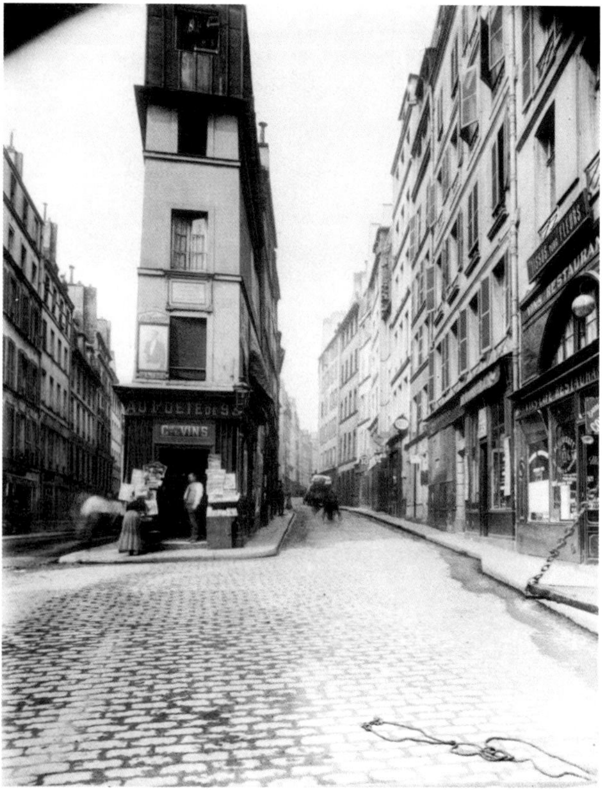

Rues de Clery et Saint-Aboukir (sic)

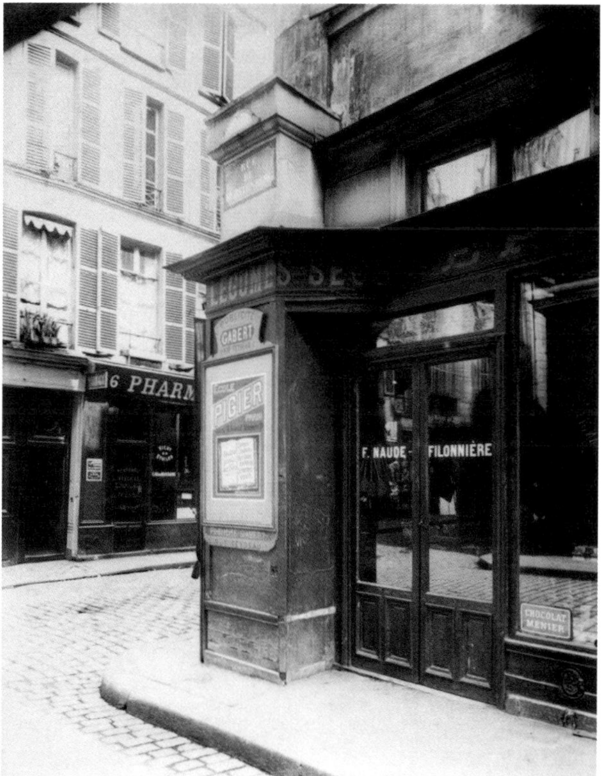

1, rue de Furstenberg. Ancien pilier de l'abbaye Saint-Germain-des-Prés

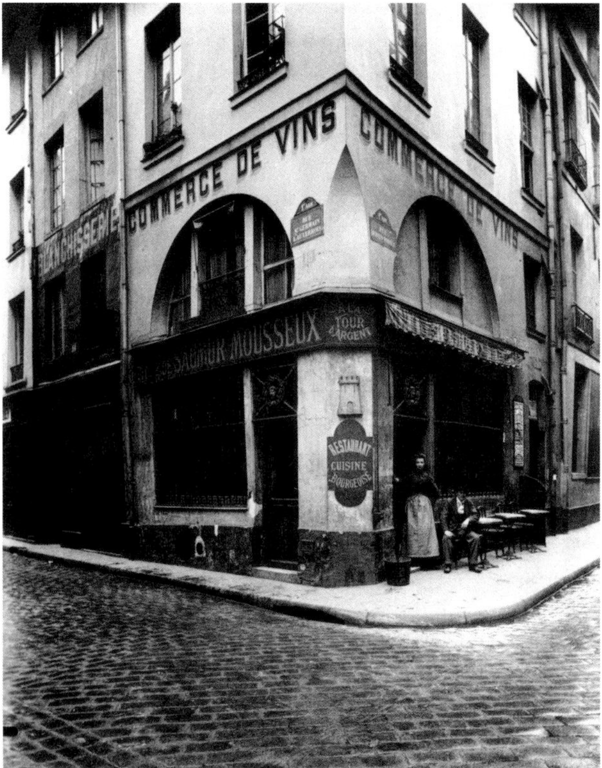

Cabaret, angle de la rue Saint-Germain-l'Auxerrois et de la rue Bertin Poirée. 1903

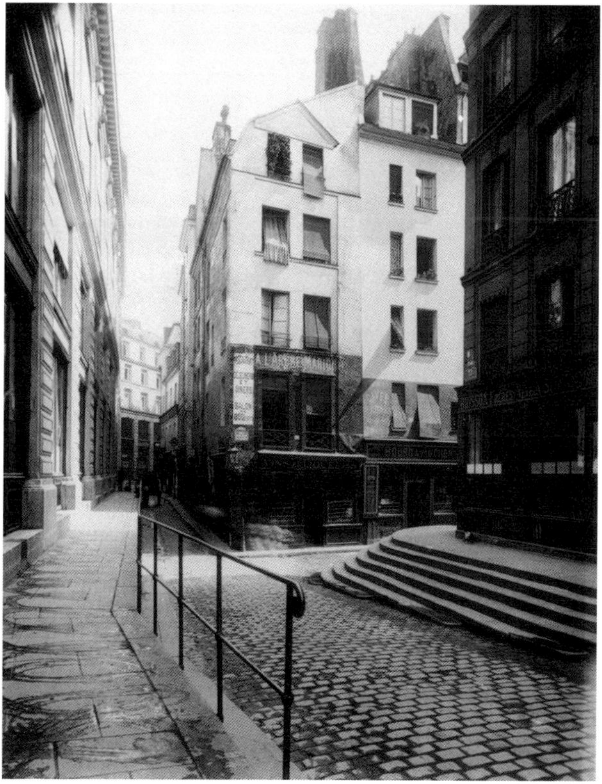

Rue Saint-Germain-l'Auxerrois

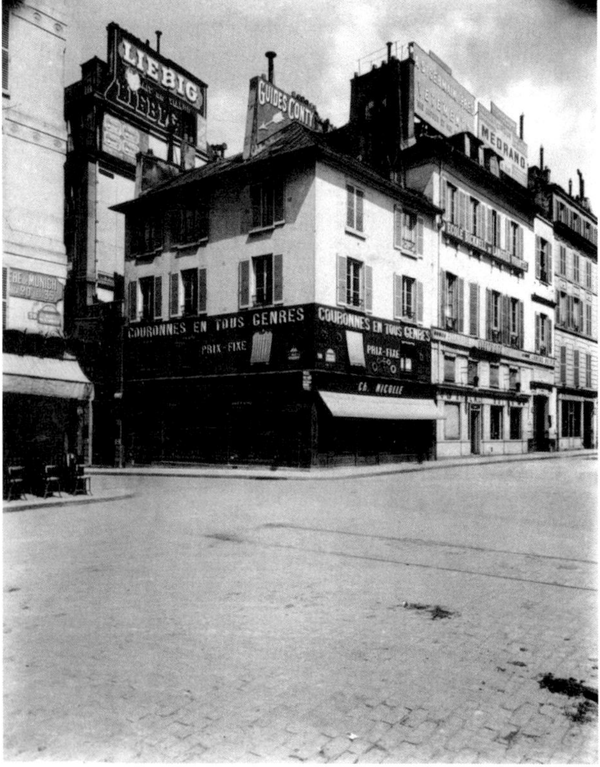

Angle de la rue de l'Abbaye et de la rue Bonaparte

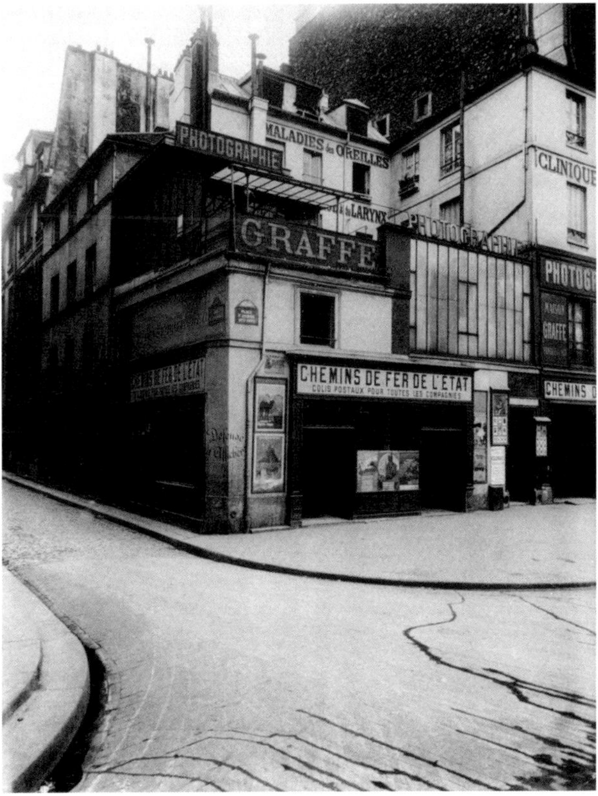

Angle de la place Saint-André-des-Arts et de la rue Hautefeuille, avant 1915

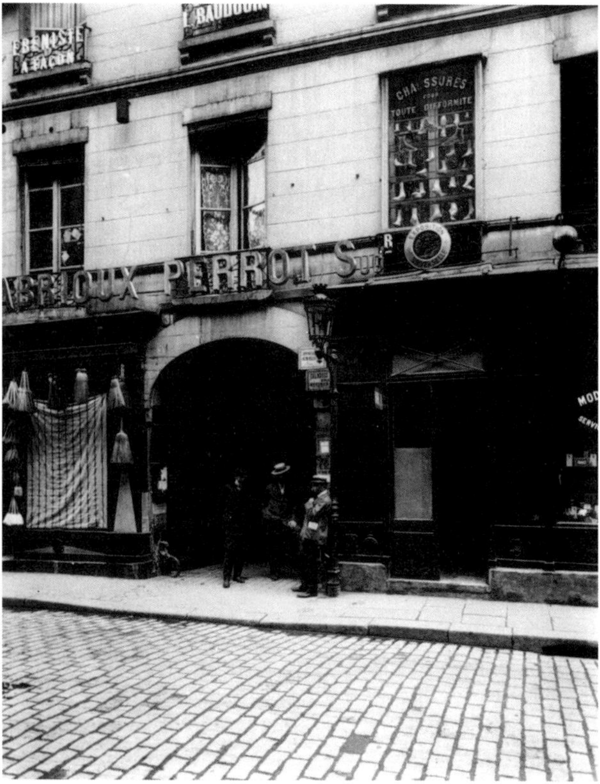

Hôtel du Tabellion, 31, rue de Seine

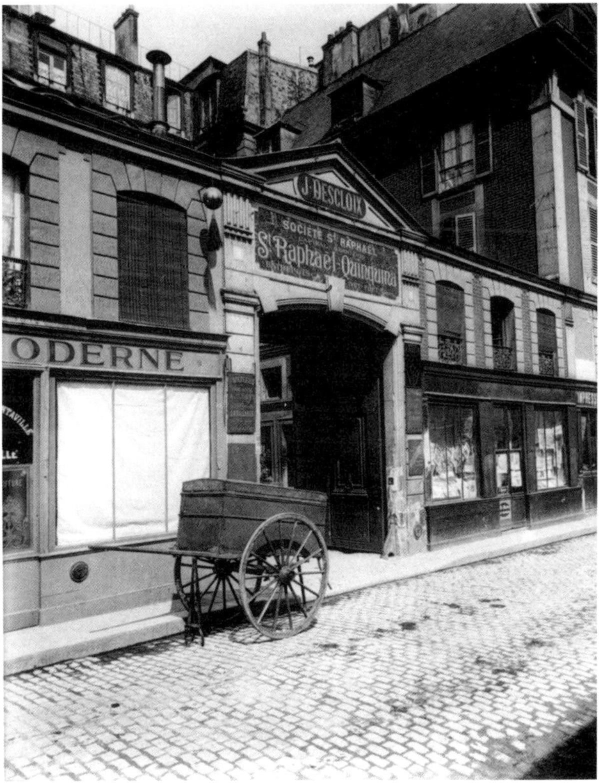

8, rue du Parc-Royal

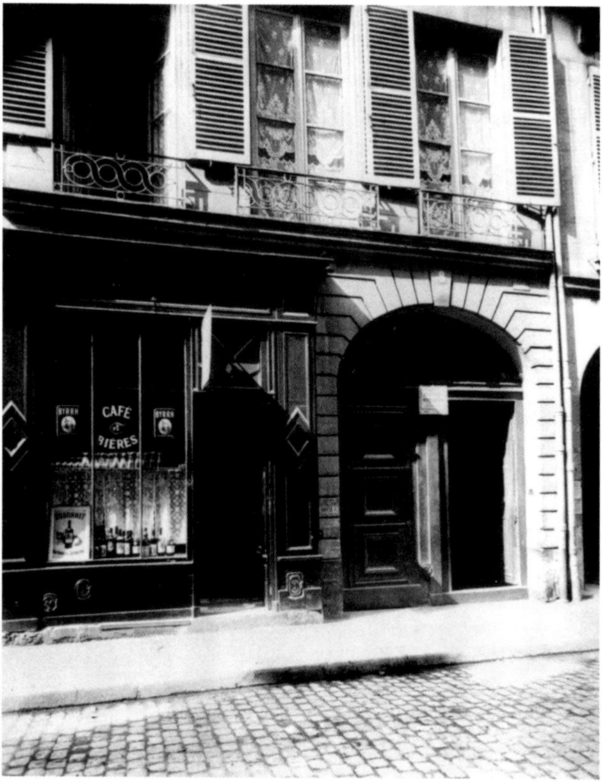

Rue Guénégaud, 6ᵉ arr.

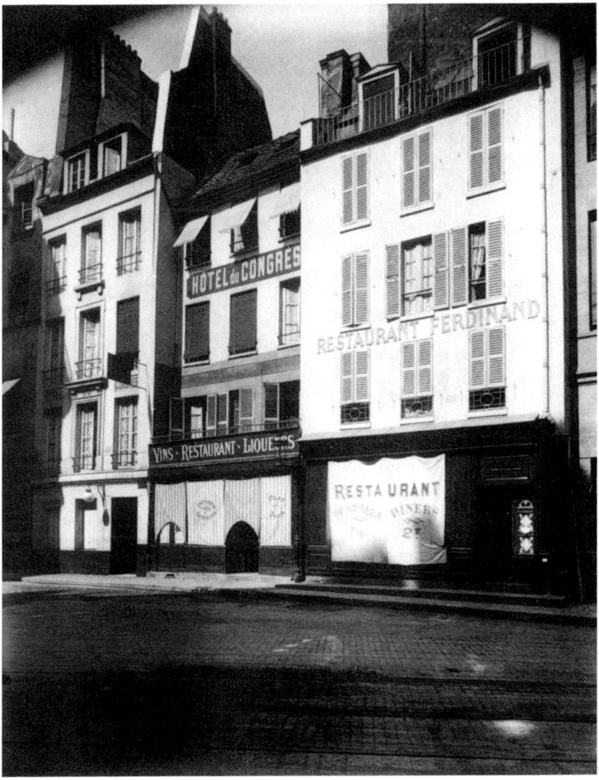

Vieilles maisons, 30 et 32 rue Serpentine. Avant 1915

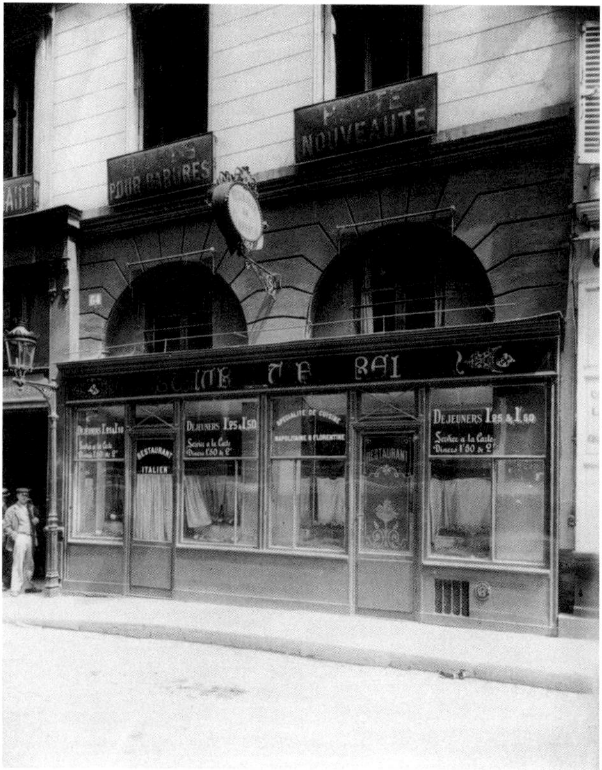

64, rue Sainte-Anne, 2^e^ arr.

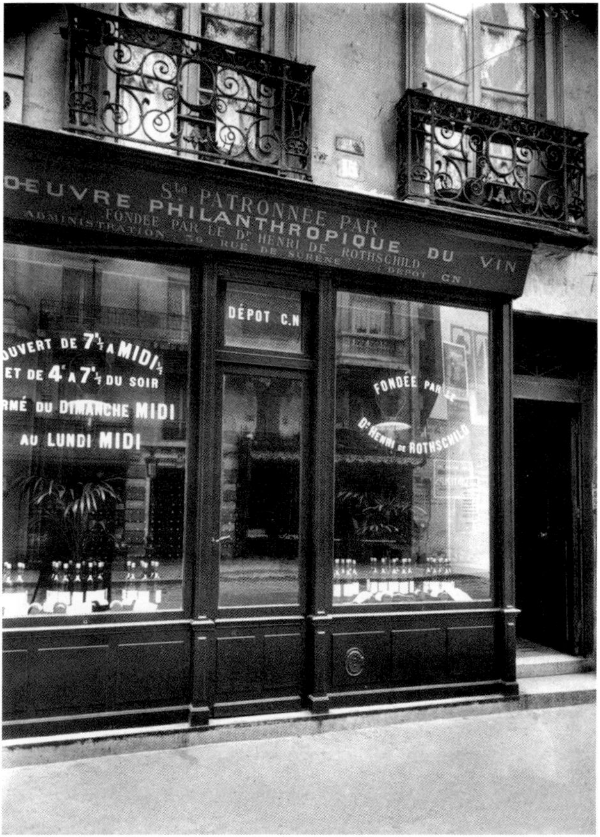

Balcon, 15, rue du Petit-Pont, 5e arr. 1913

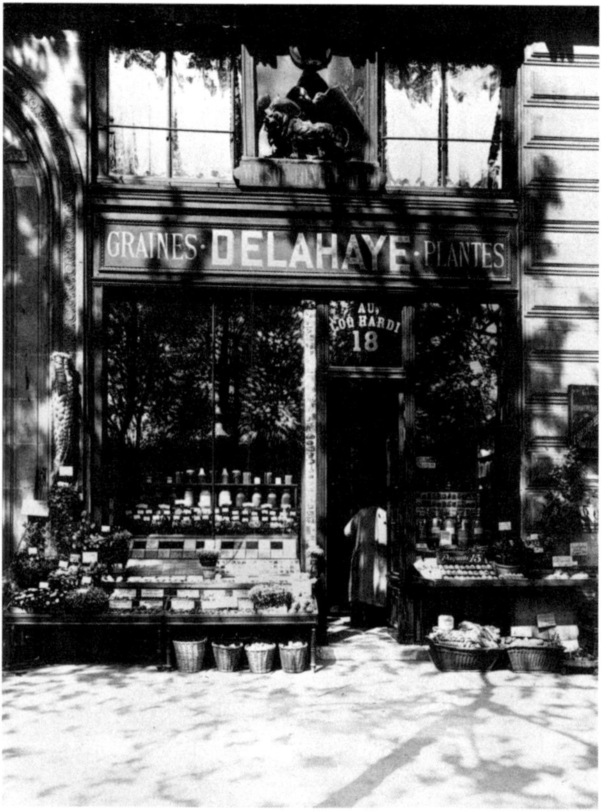

Au Coq Hardi. Juin 1925

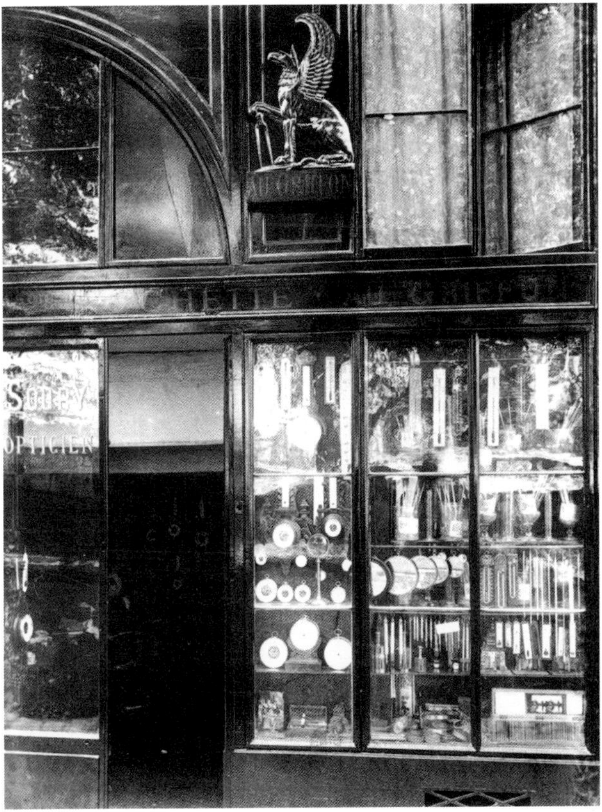

Au Griffon, 39, quai de l'Horloge. 1903

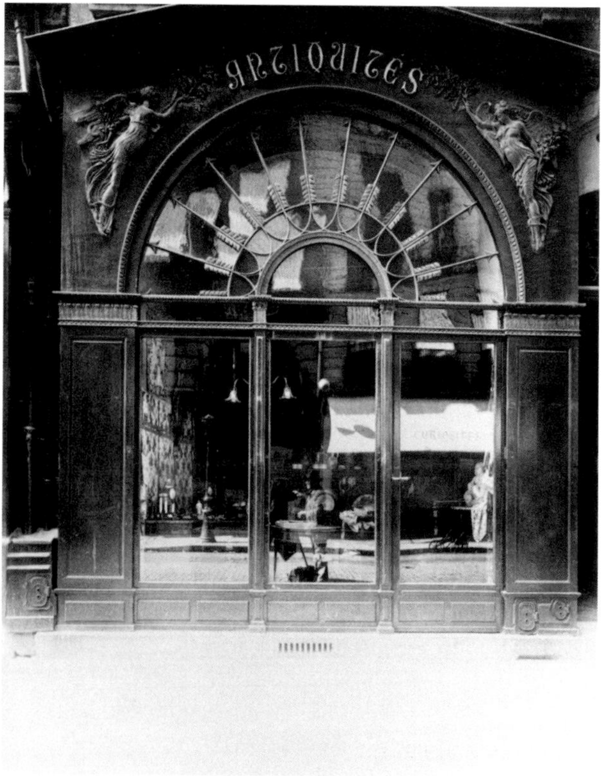

Boutique Empire, 21, faubourg Saint-Honoré. 1902

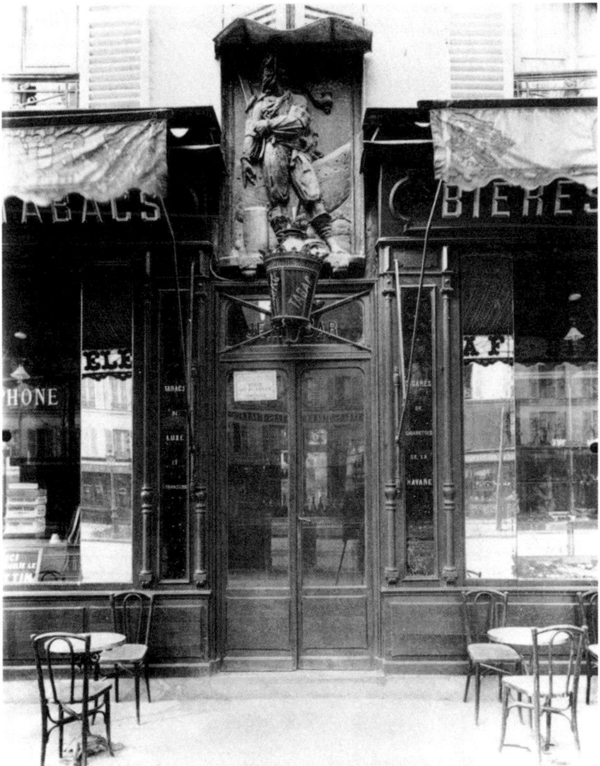

Au Jean Bart, 38, avenue La Motte-Piquet. 1911

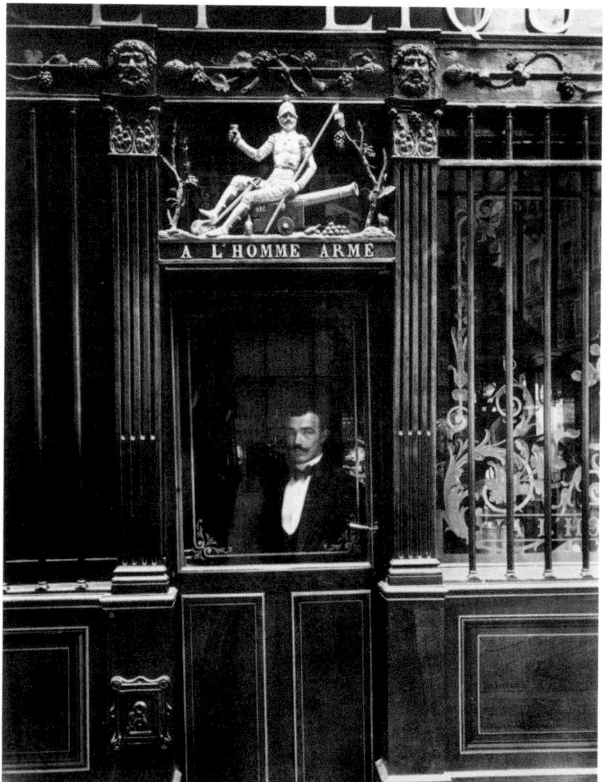

À L'homme armé, 25, rue des Blancs-Manteaux. 1901

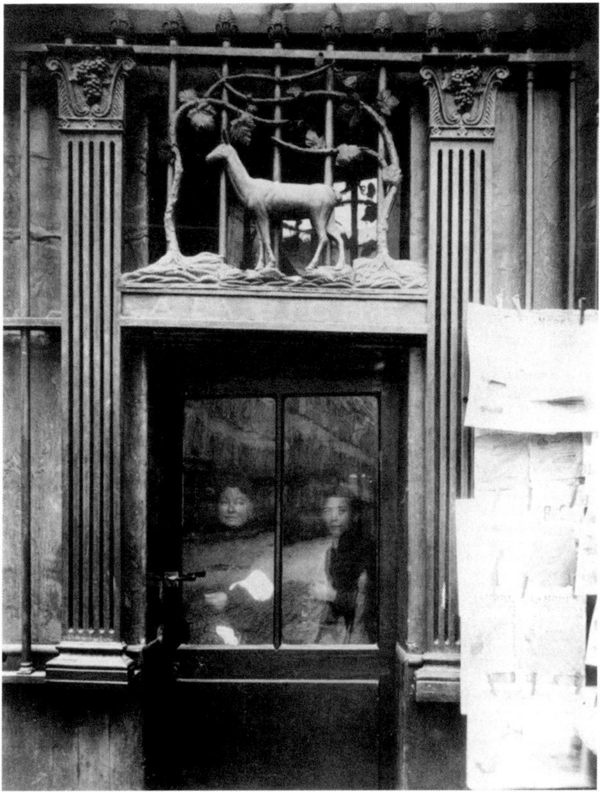

À la Biche, rue Geoffroy-Saint-Hilaire. 1905

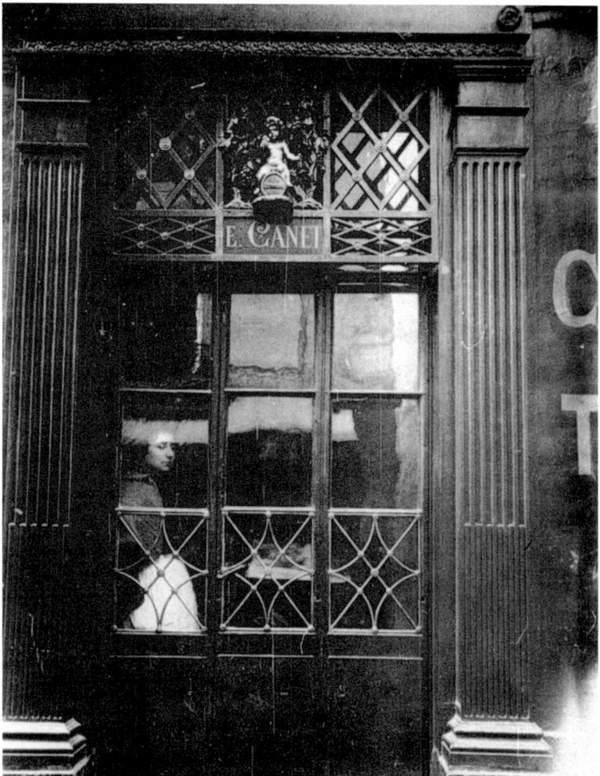

Au Petit Bacchus, rue Saint-Louis-en-l'Ile, 61. 1903

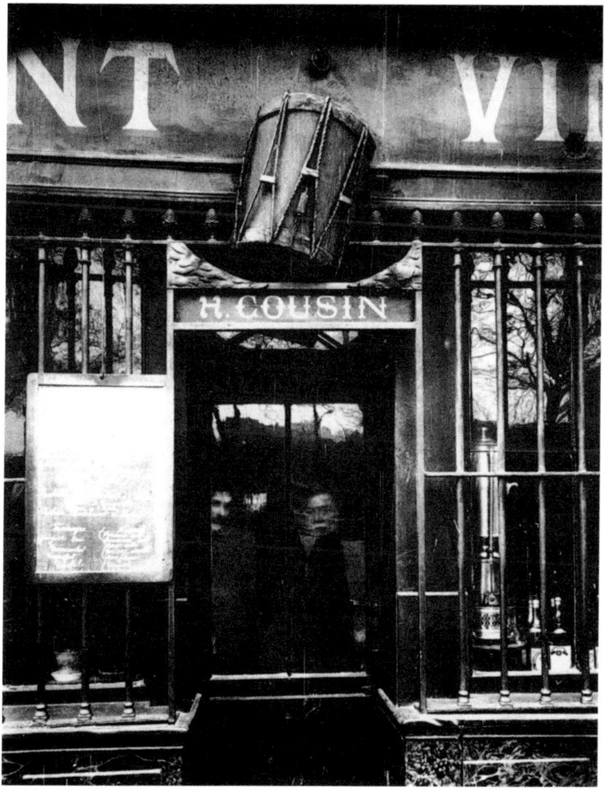

Au Tambour. 1908

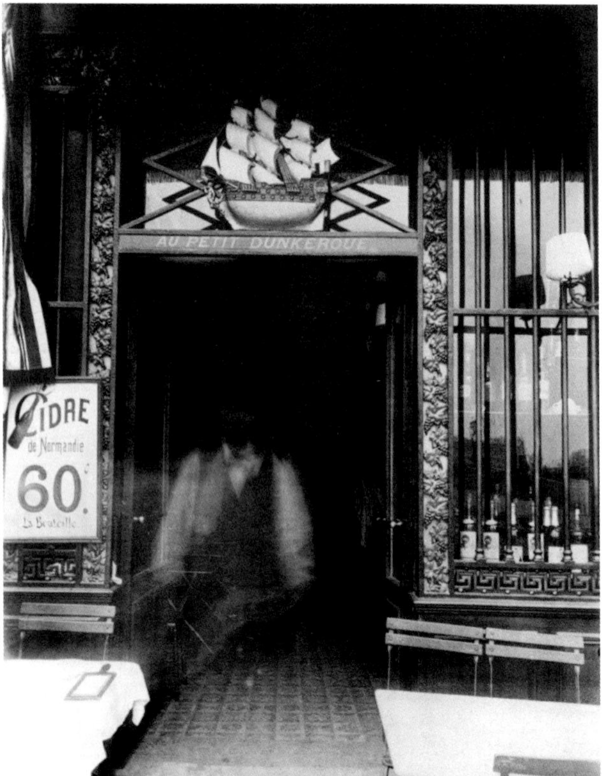

Au Petit Dunkerque, 3, quai Conti. 1901

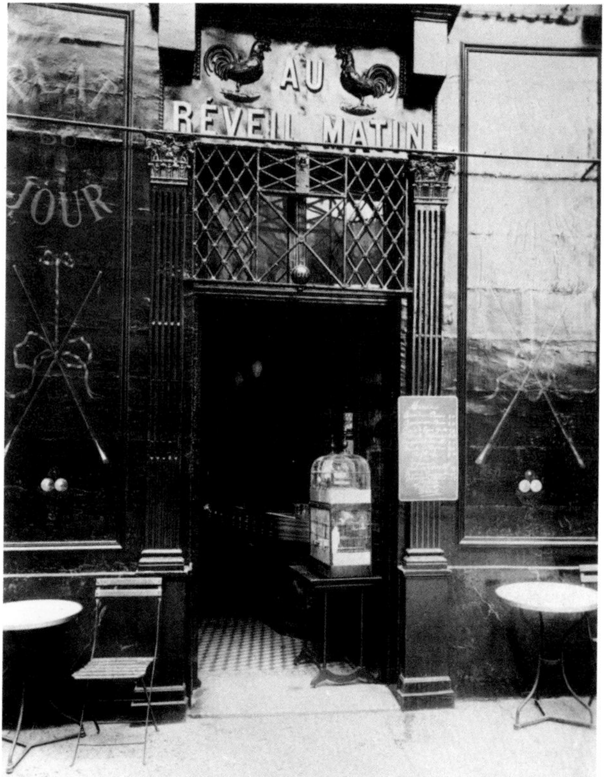

Au Réveil matin, 136, rue Amelot. 1903

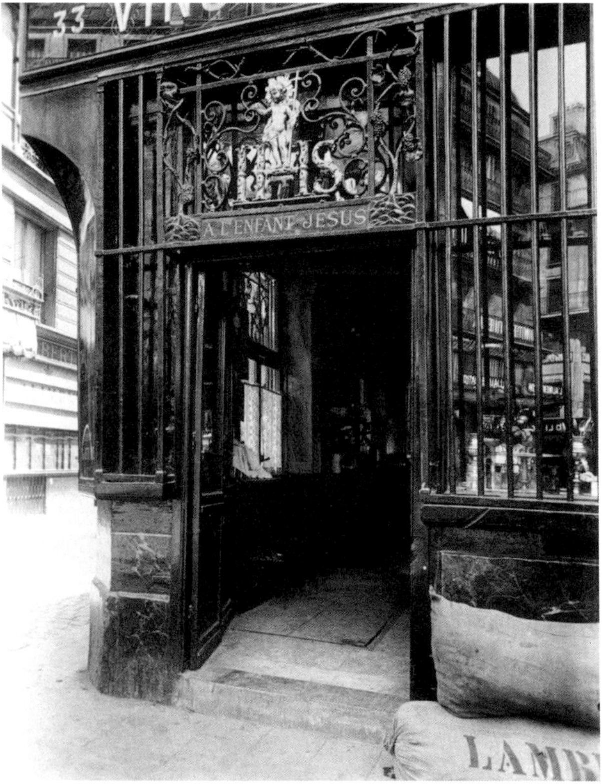

À l'Enfant Jésus, rue des Bourdonnais, 33. 1901

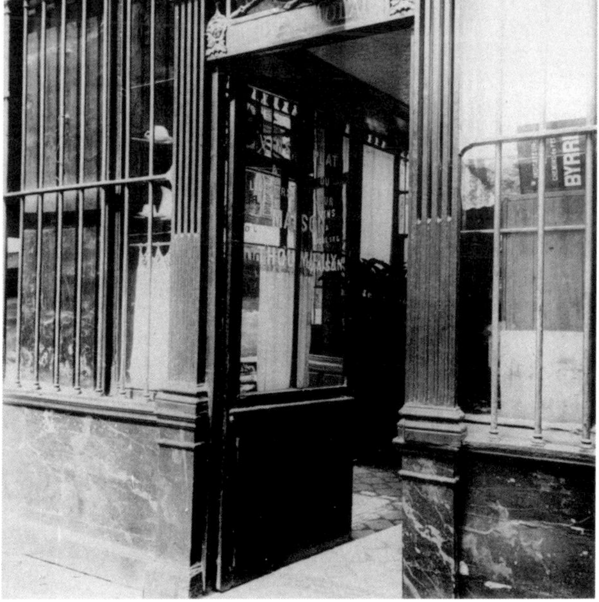

Cabaret au Beaujolais, 24, rue des Messageries, 10ᵉ arr.

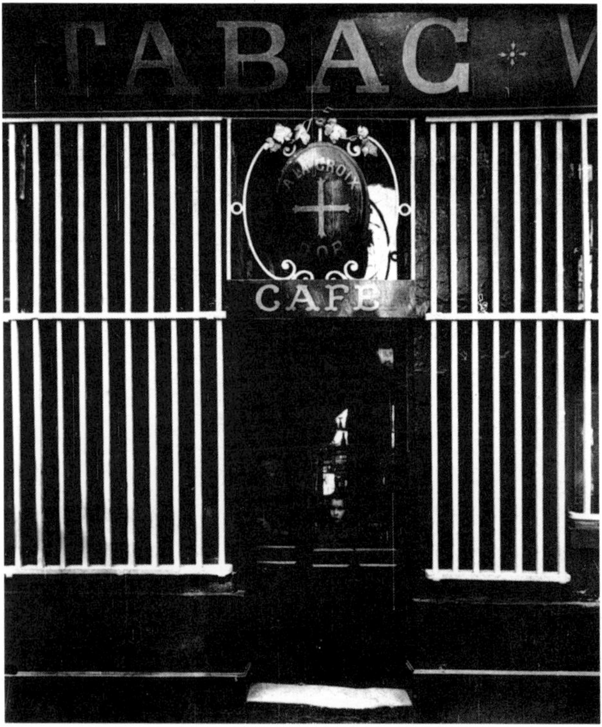

Cabaret rue Saint-André-des-Arts, 54 (disparu en 1911). 1900

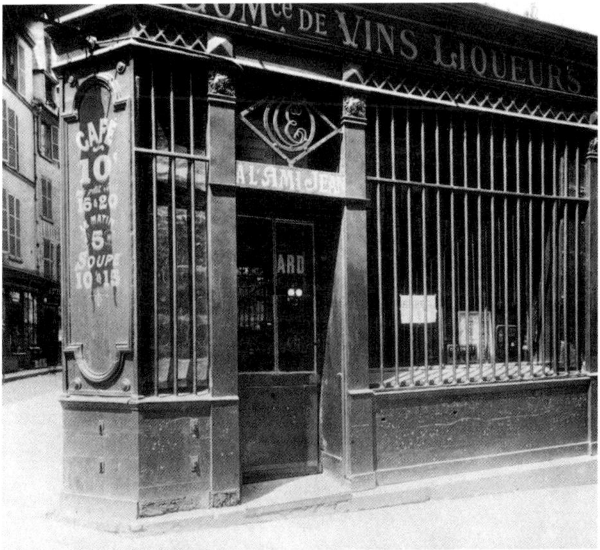

Cabaret de l'ami Jean, 8, rue Thouin. 1908

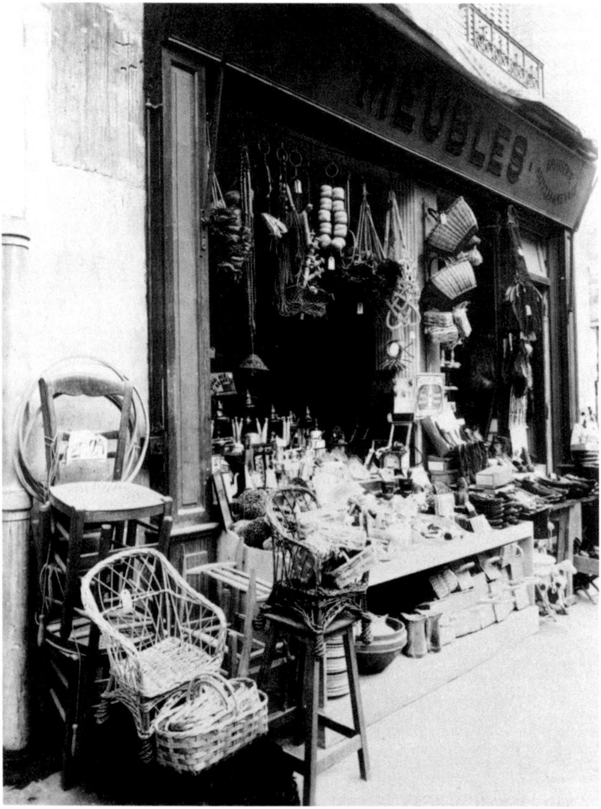

Boutique d'articles de ménage, 340, rue de Vaugirard. 1910-1911

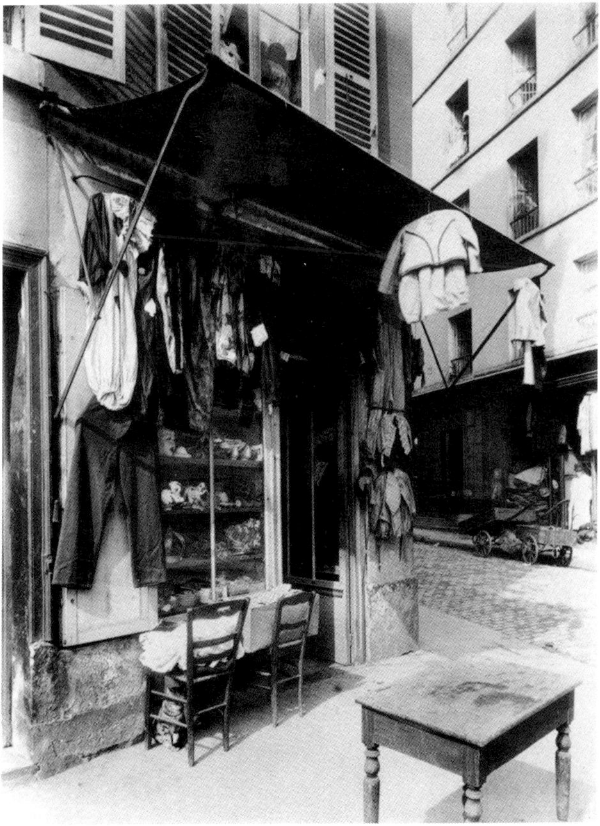

Costumier, 2, rue de la Corderie. 1910-1911

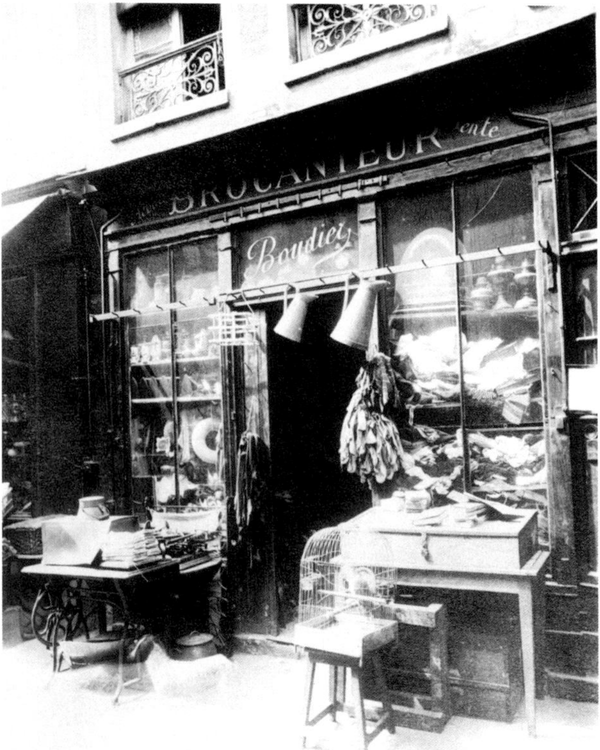

Brocanteur, 32, rue Broca. 1912

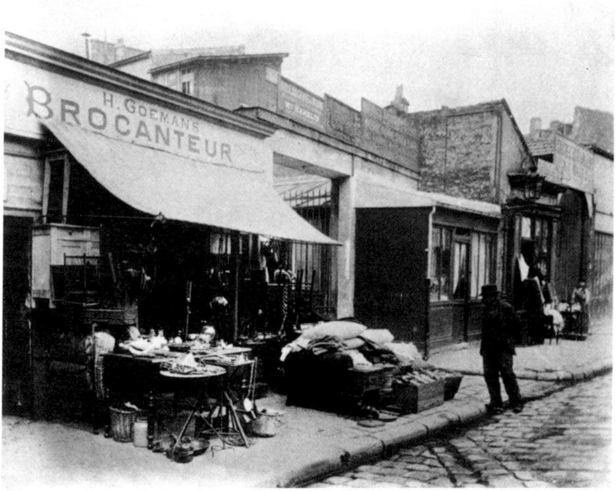

Brocanteur, boulevard Edgar-Quinet. 1910-1911

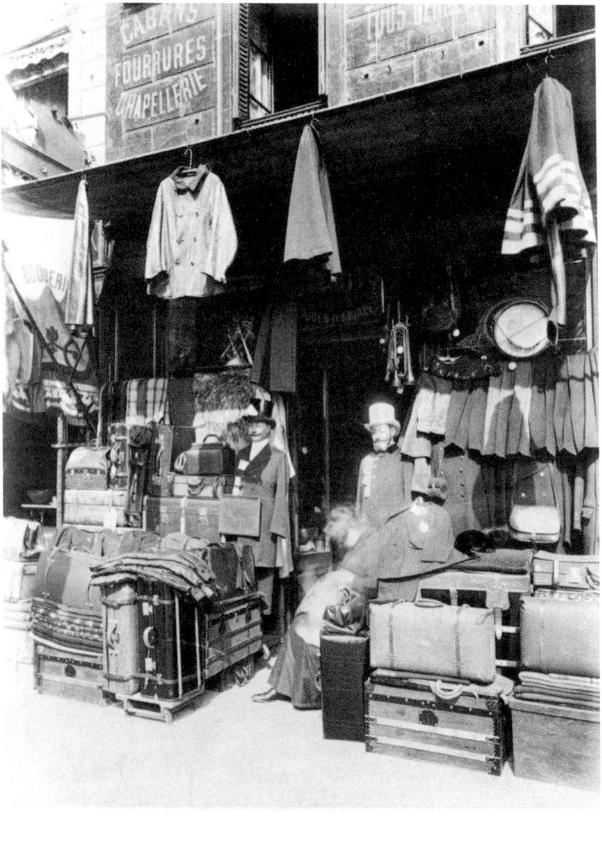

Boutique d'articles pour hommes, 16, rue Dupetit-Thouars (Temple). 1910-1911

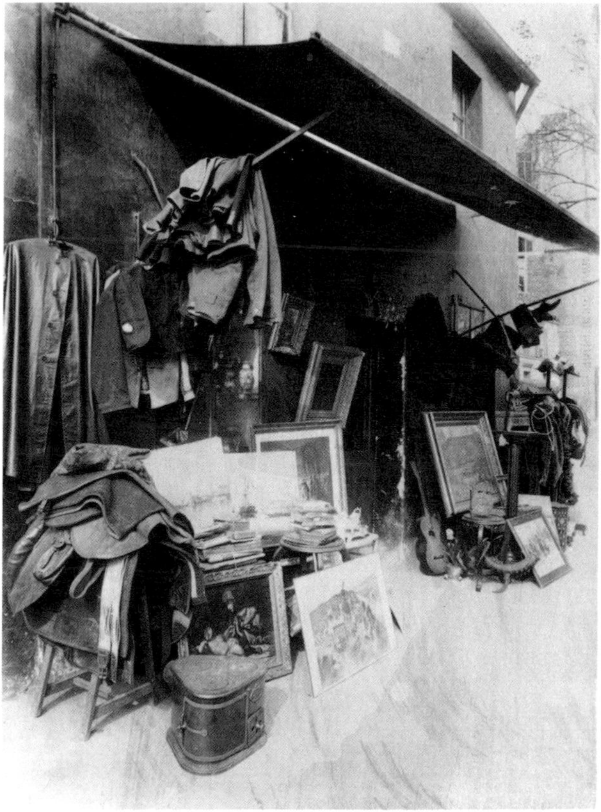

Brocanteur, 10, avenue Lowendal. 1910-1911

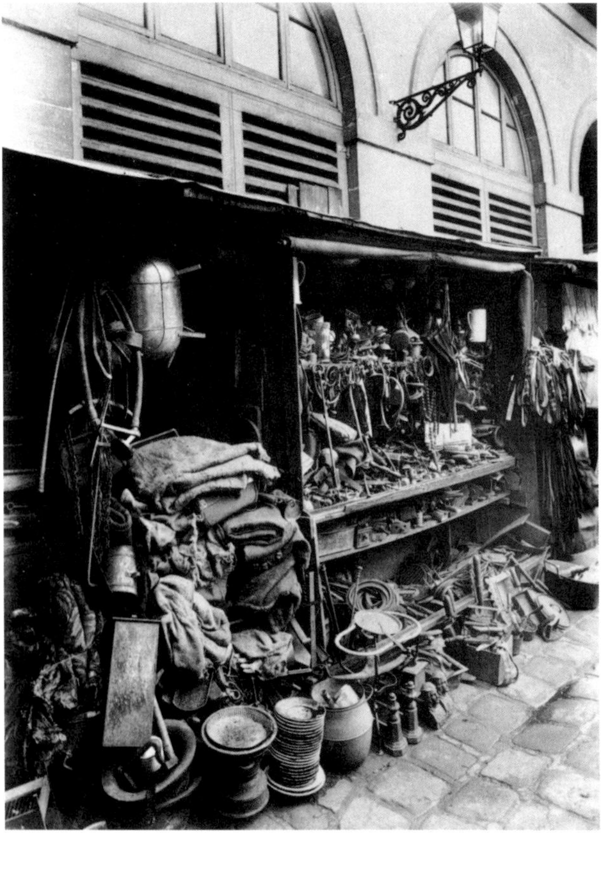

Coin du marché des Carmes, place Maubert. 1910-1911

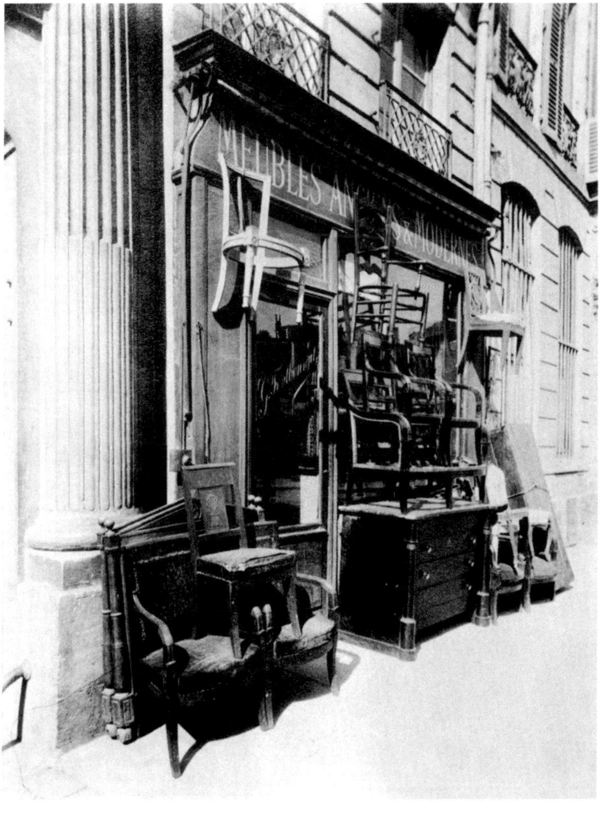

Brocanteur, 42, rue du Cherche-Midi, 6ᵉ arr. 1912

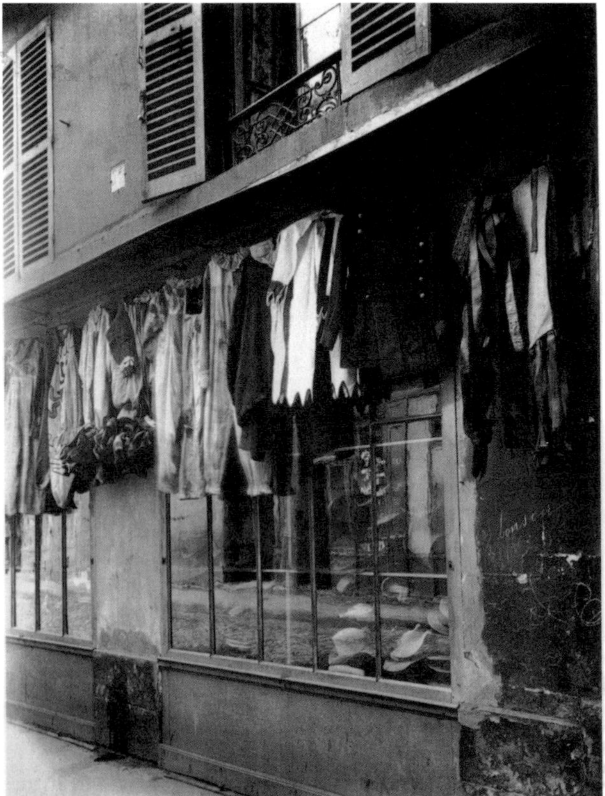

Costumier, 2, rue de la Corderie. 1910-1911

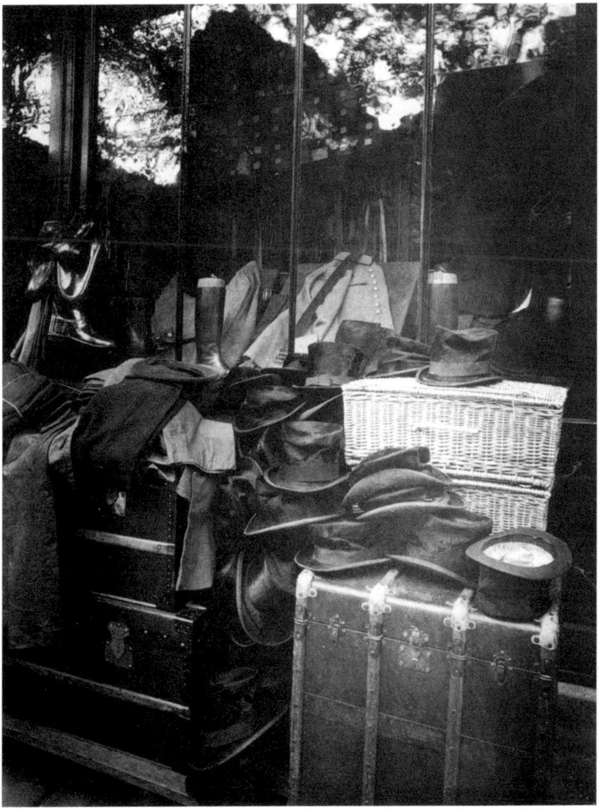

Boutique, marché aux Halles. Juin 1925

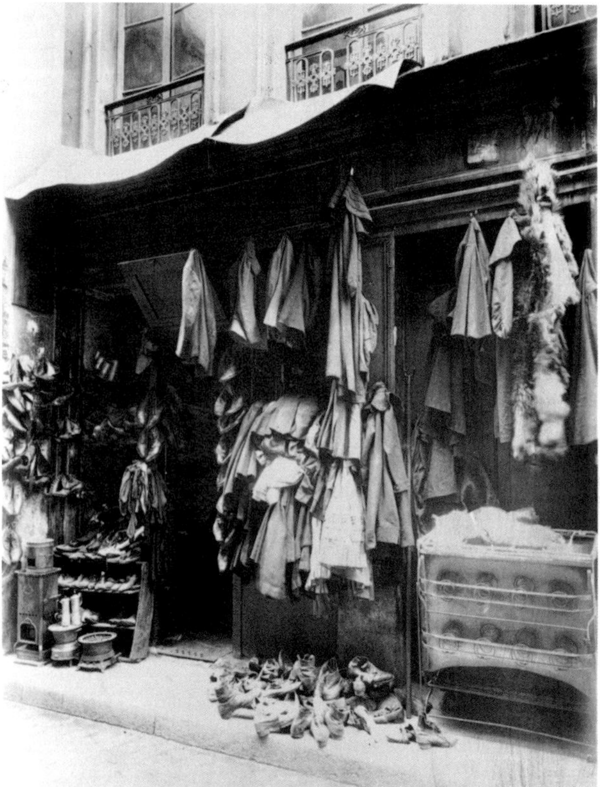

Brocanteur, rue des Anglais. 1910-1911

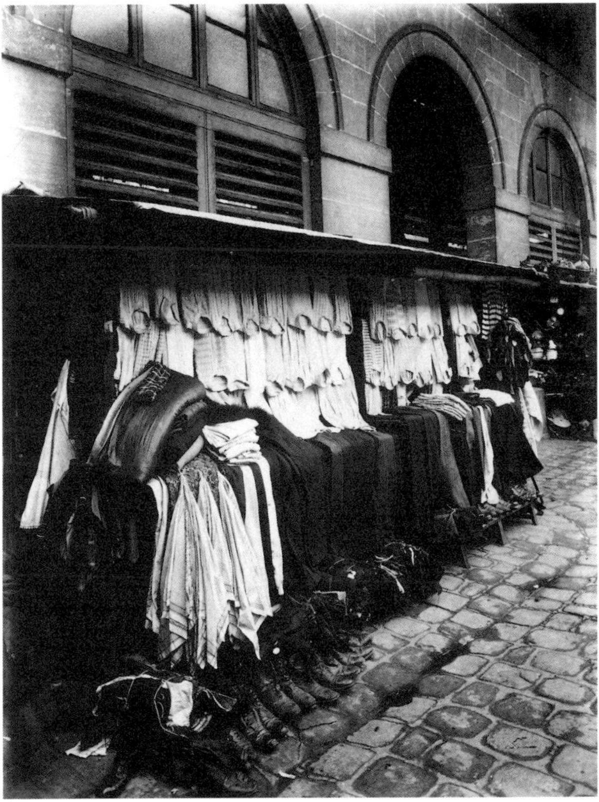

Coin du marché des Carmes, place Maubert. 1910-1911

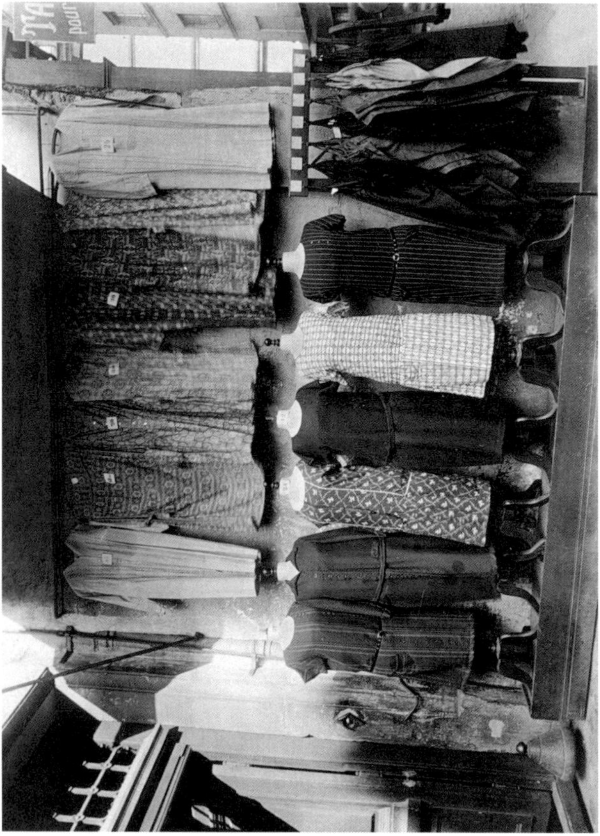

Rue Mouffetard. 1926

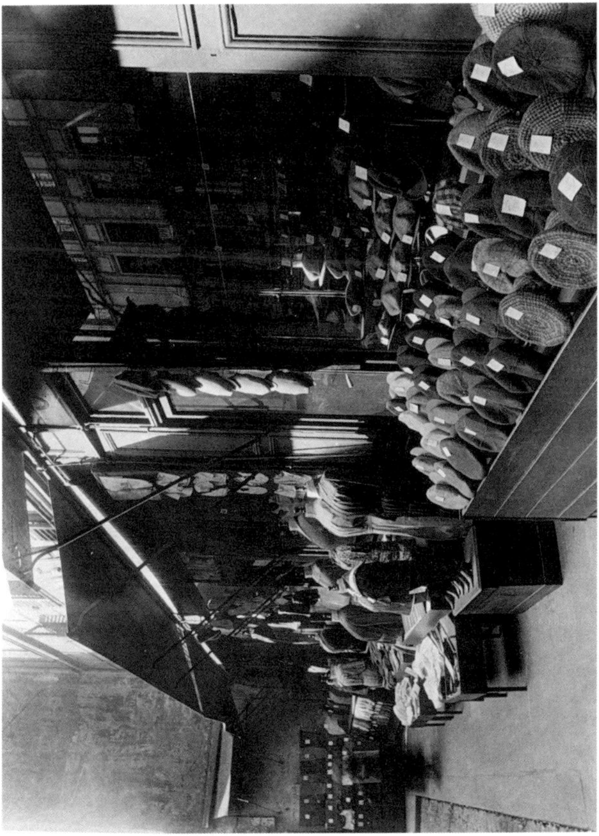

Rue Mouffetard. 1926

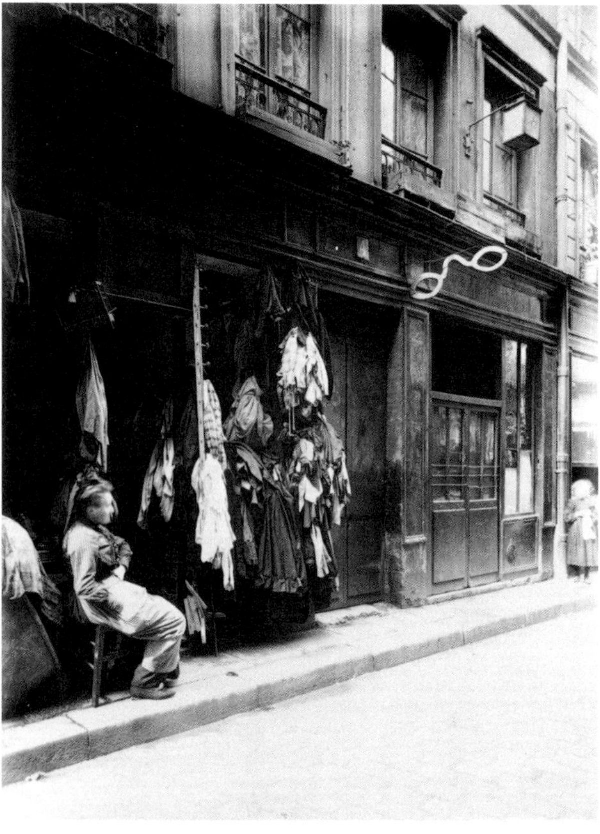

Boutique de vêtements et cabaret du Père Lunette, rue des Anglais. 1910-1911

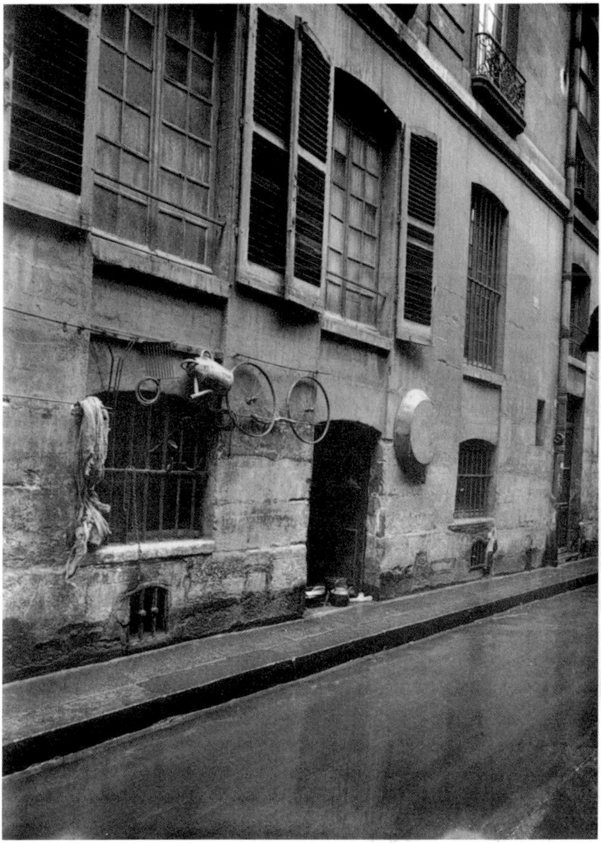

Vieille maison, 27, rue des Grands-Augustins. 1914

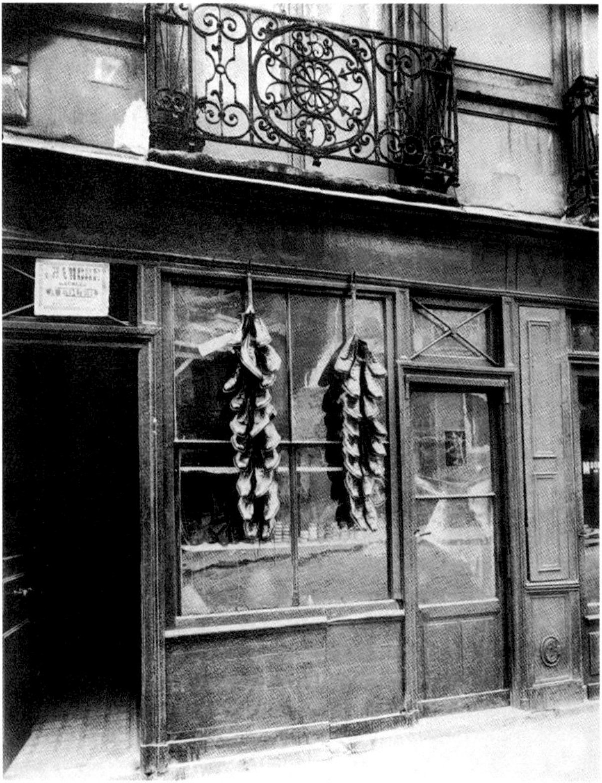

Balcon, 17, rue du Petit-Pont, 5ᵉ arr. 1913

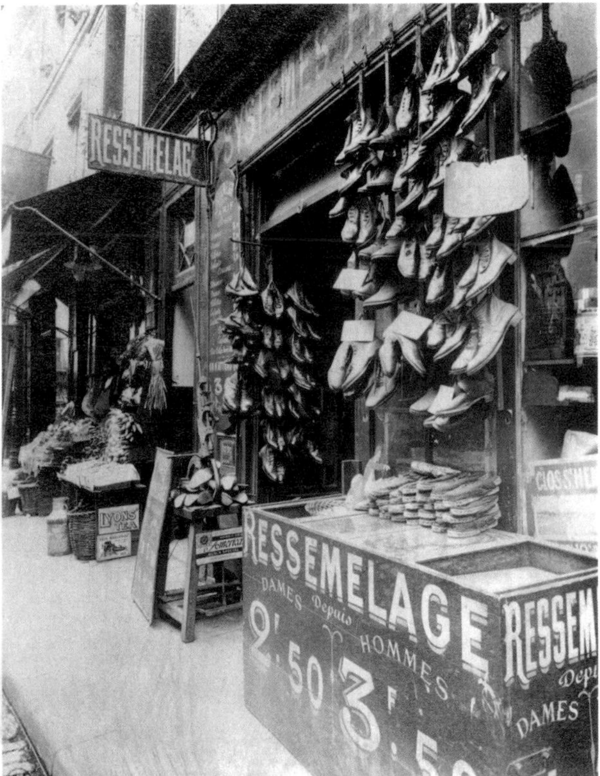

Un coin de la rue des Lombards au n° 56, 1er arr. 1912

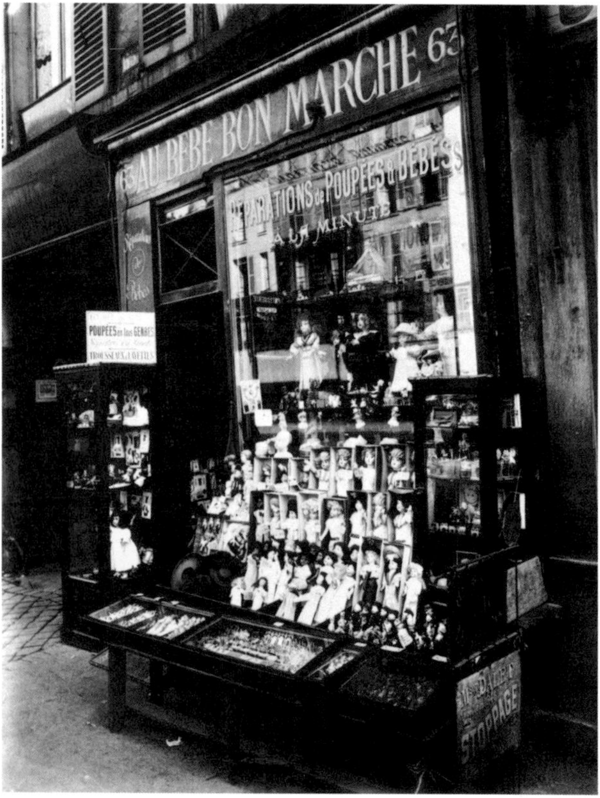

Boutique de jouets, 63, rue de Sèvres. 1910-1911

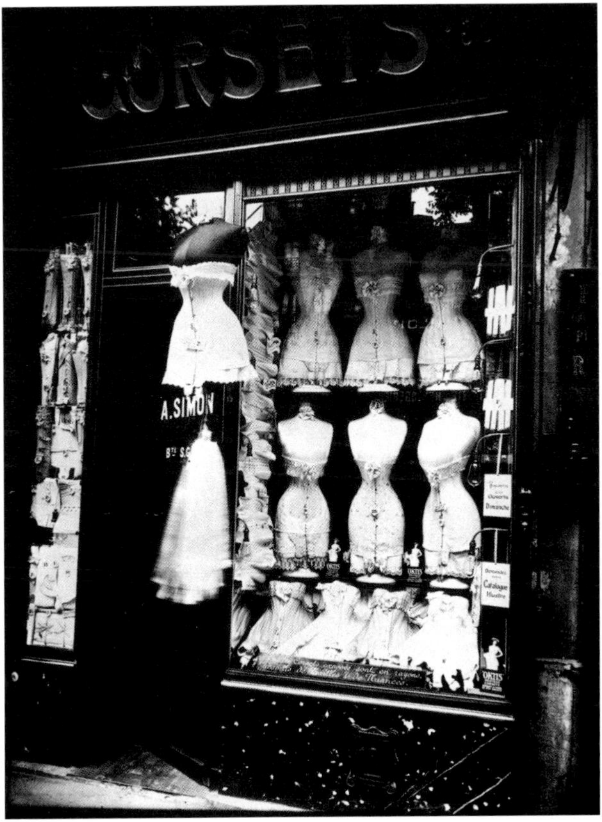

Boulevard de Strasbourg, corsets. 1912

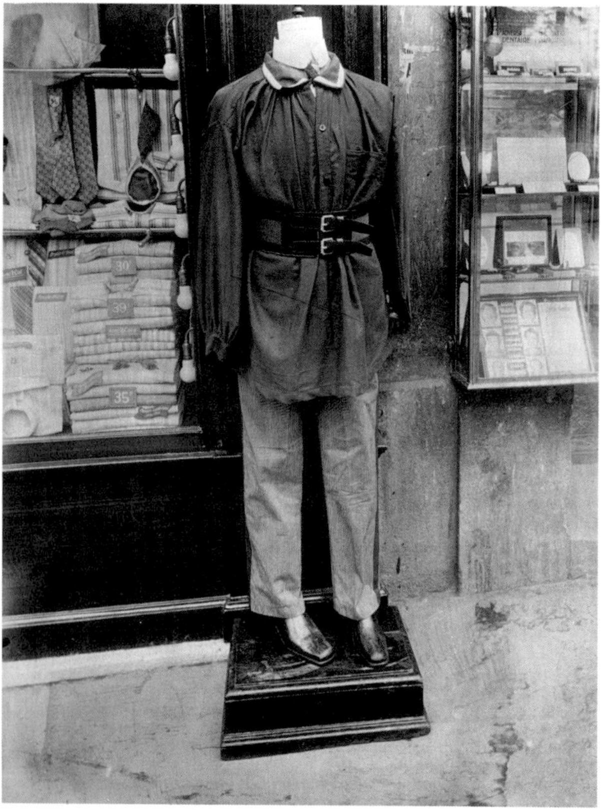

Avenue des Gobelins. 1926-1927

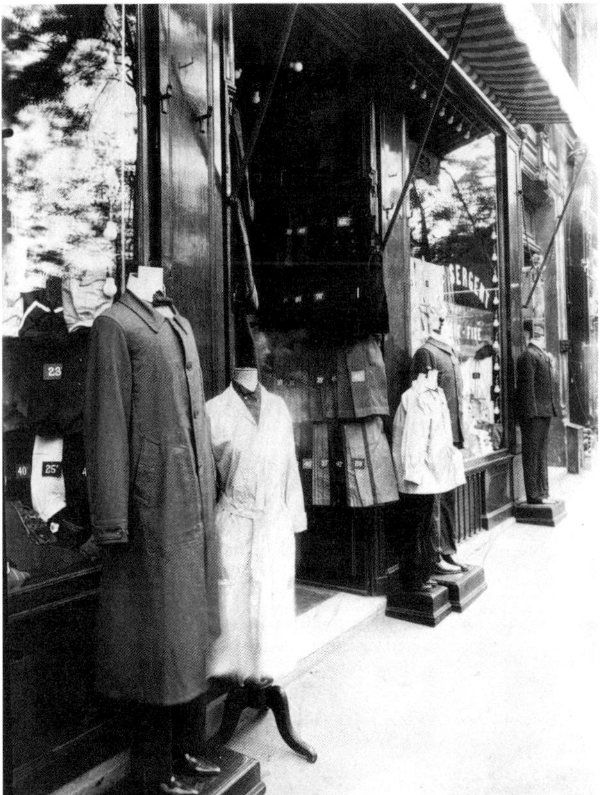

Avenue des Gobelins. 1926

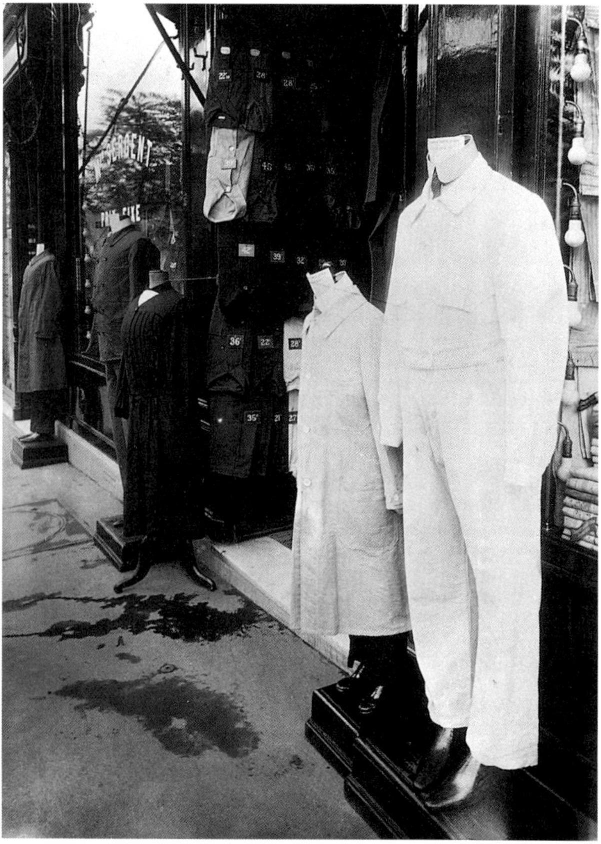

Avenue des Gobelins. 1927

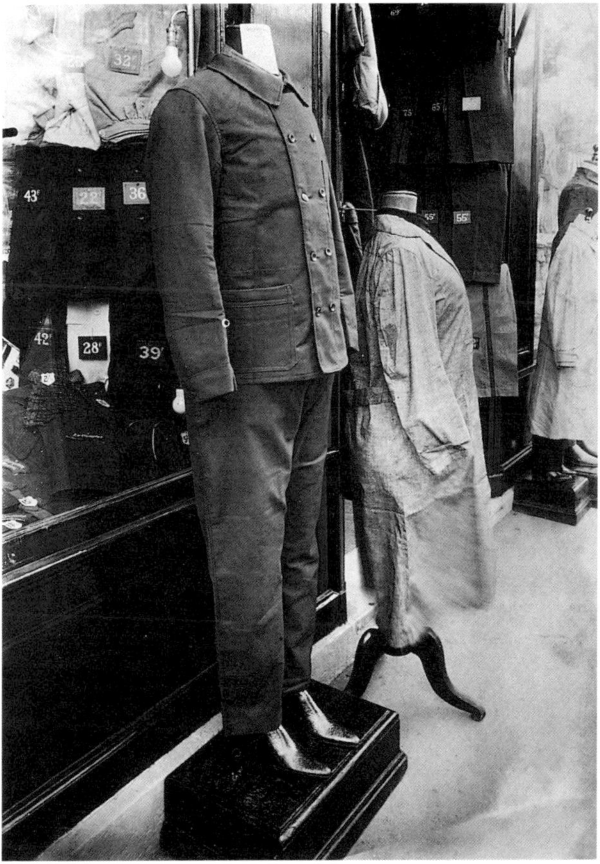

Avenue des Gobelins. 1926-1927

Vitrines

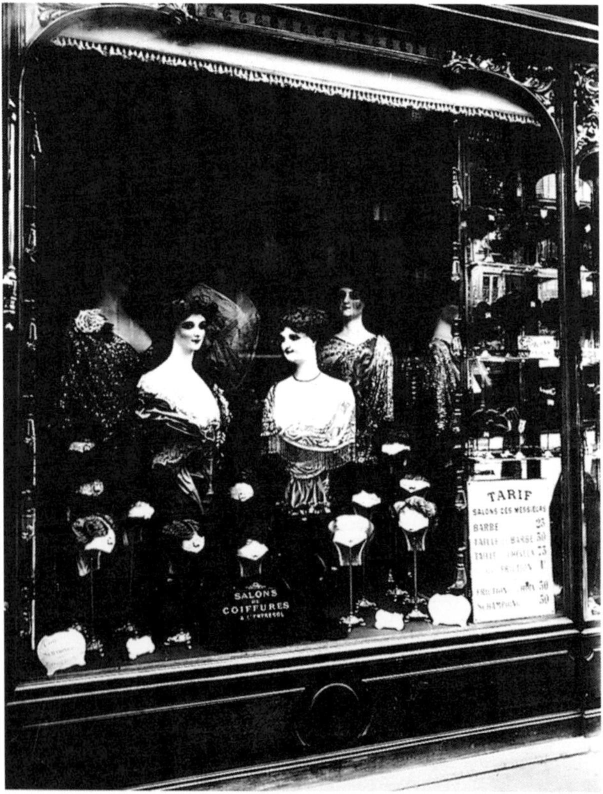

Coiffeur, boulevard de Strasbourg. 1912

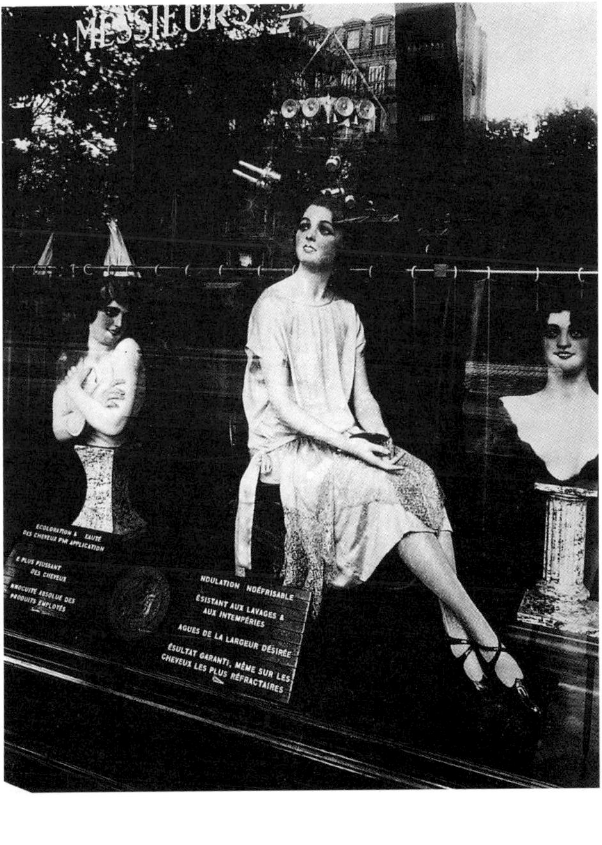

Coiffeur, avenue de l'Observatoire. 1926

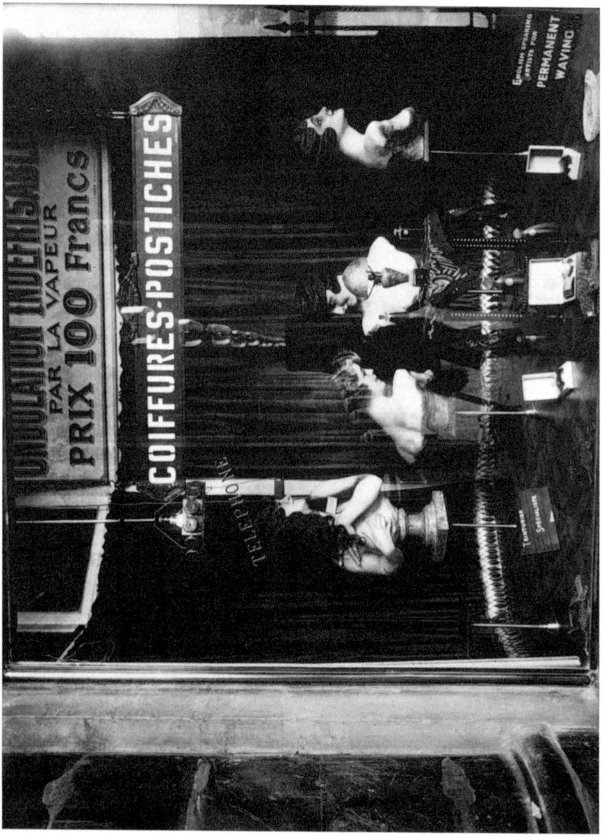

Coiffeur, Palais-Royal. 1926-1927

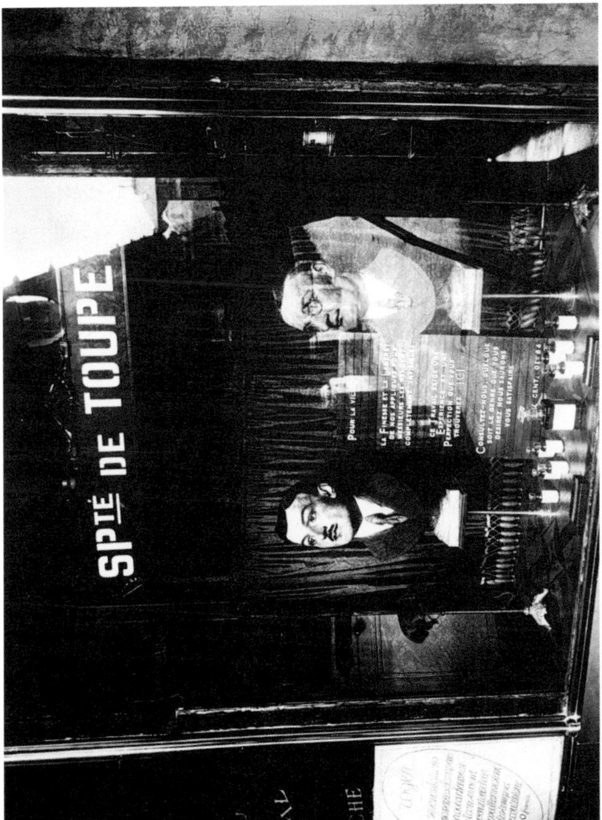

Magasin de toupets, Palais-Royal, 1926-1927

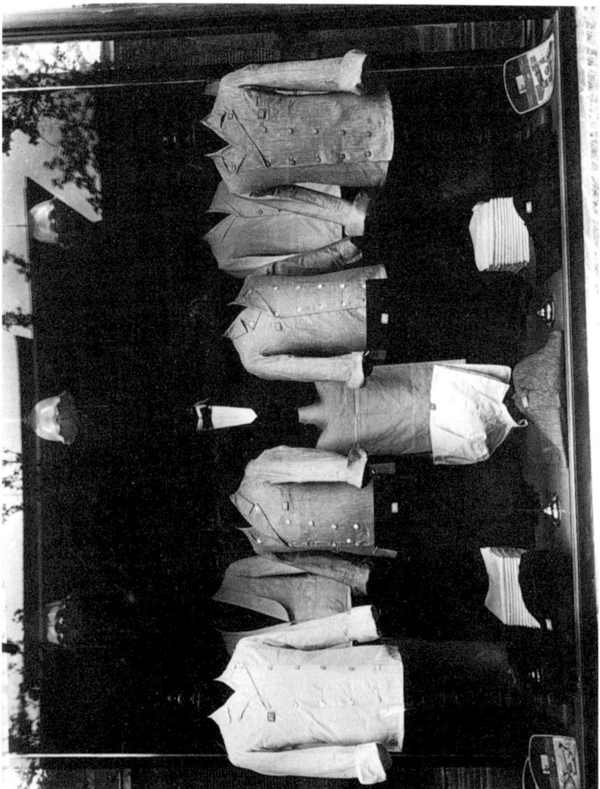

Boutique aux Halles. 1925

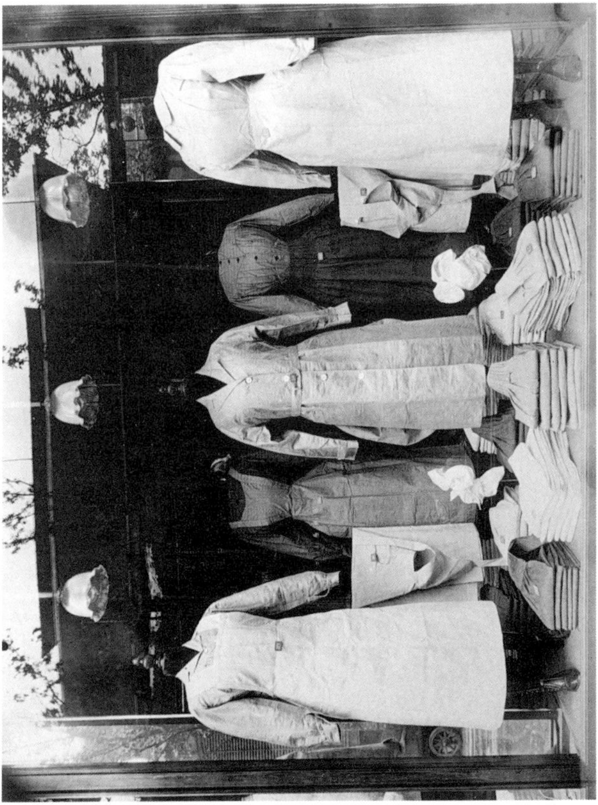

Boutique aux Halles. 1925

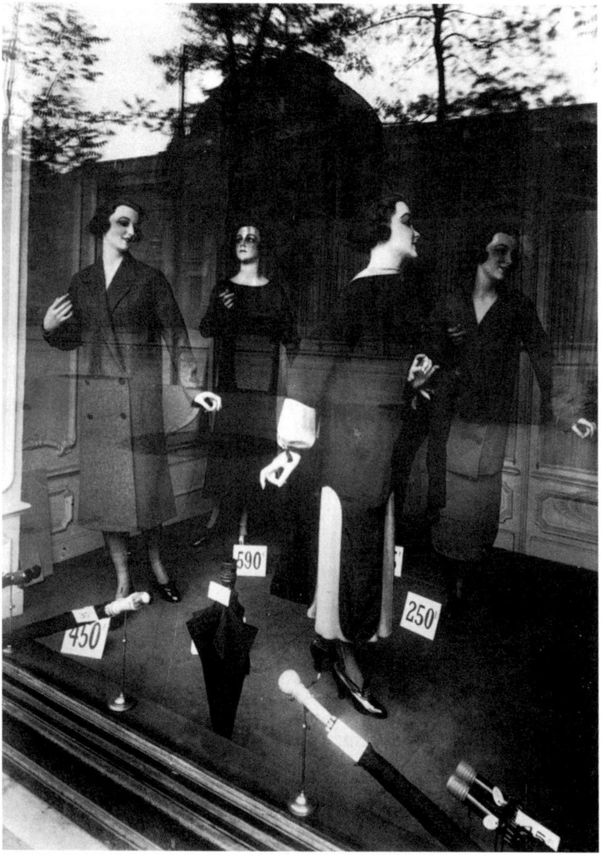

Magasin, avenue des Gobelins. 1925

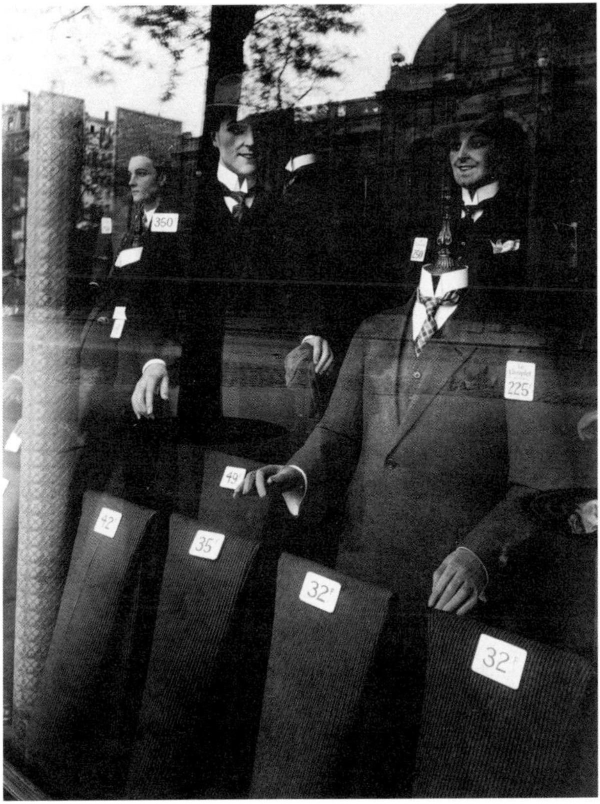

Magasin, avenue des Gobelins. 1925

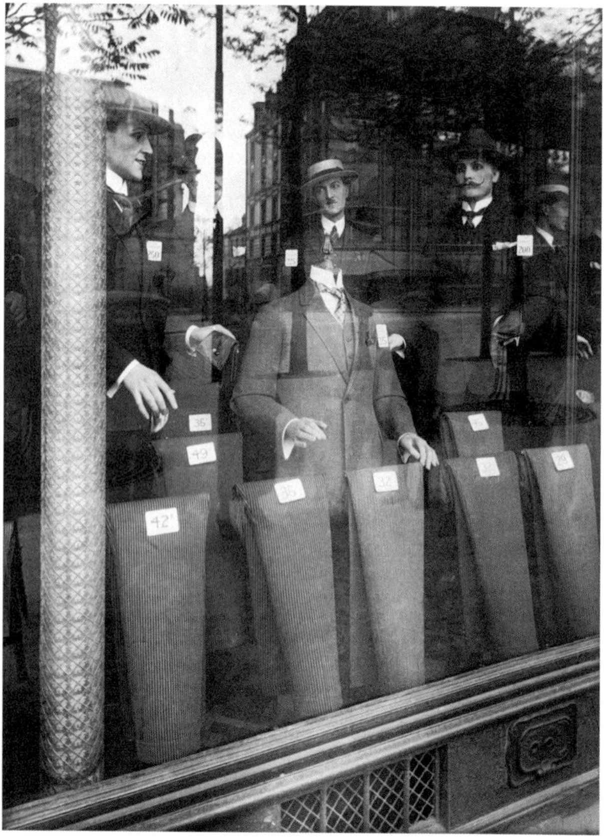

Magasin, avenue des Gobelins. 1925

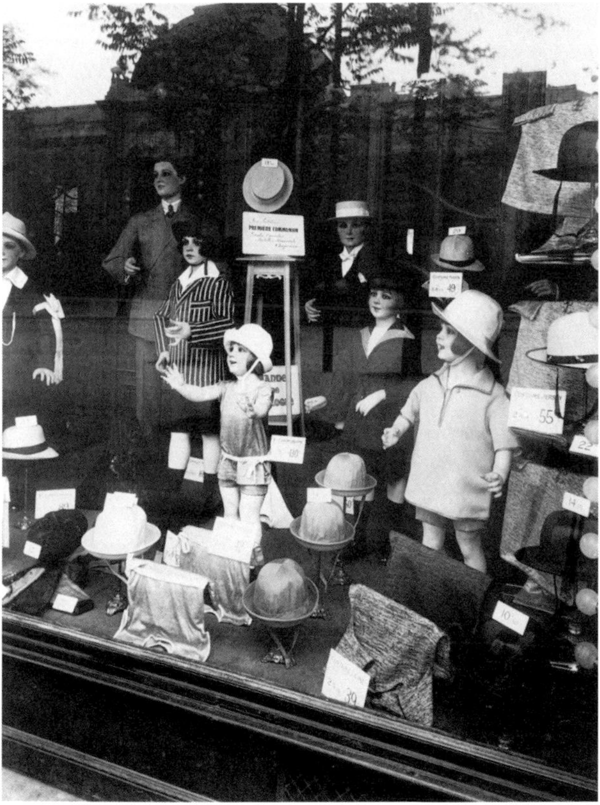

Magasin, avenue des Gobelins. 1925

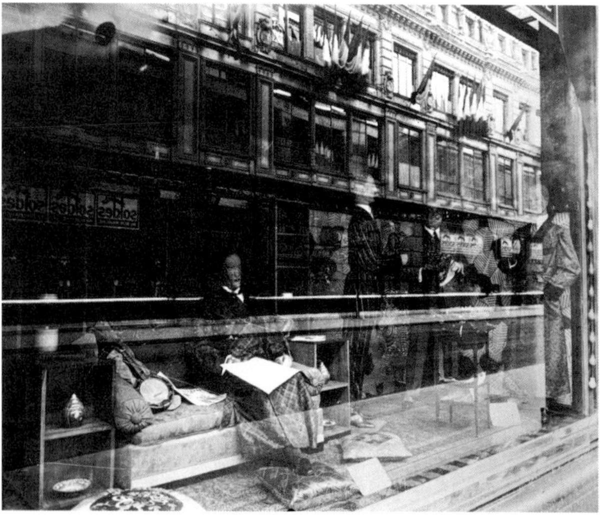

Magasin du Bon Marché. 1926-1927

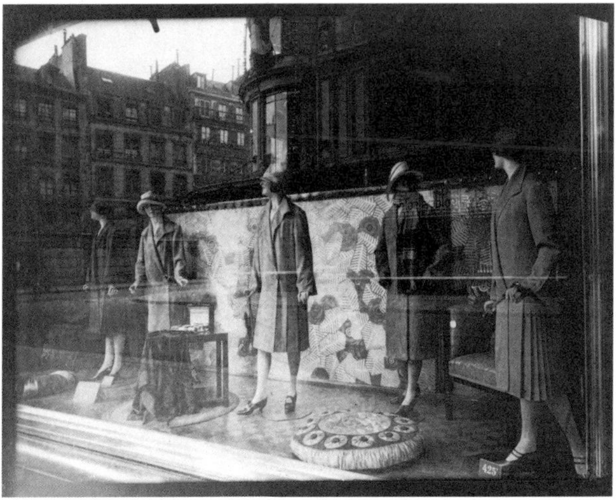

Magasin du Bon Marché. 1926-1927

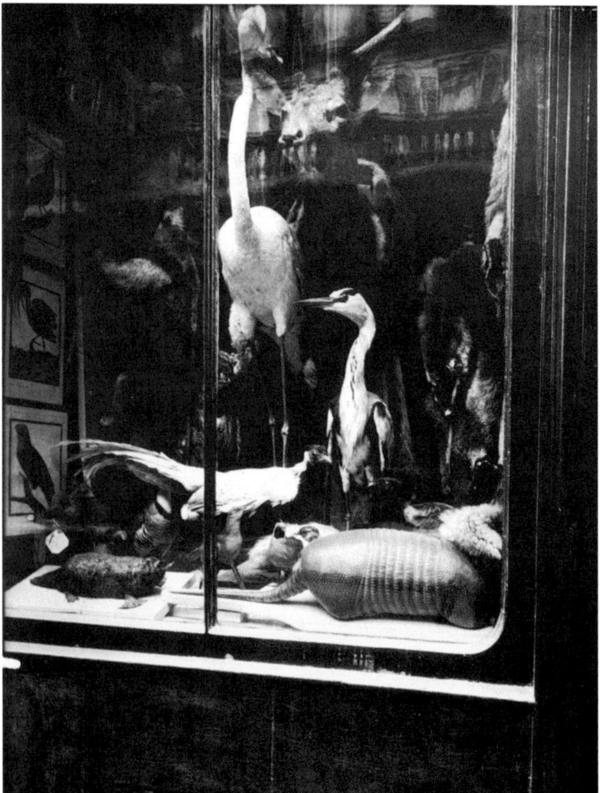

Rue de l'École-de-Médecine. 1926-1927

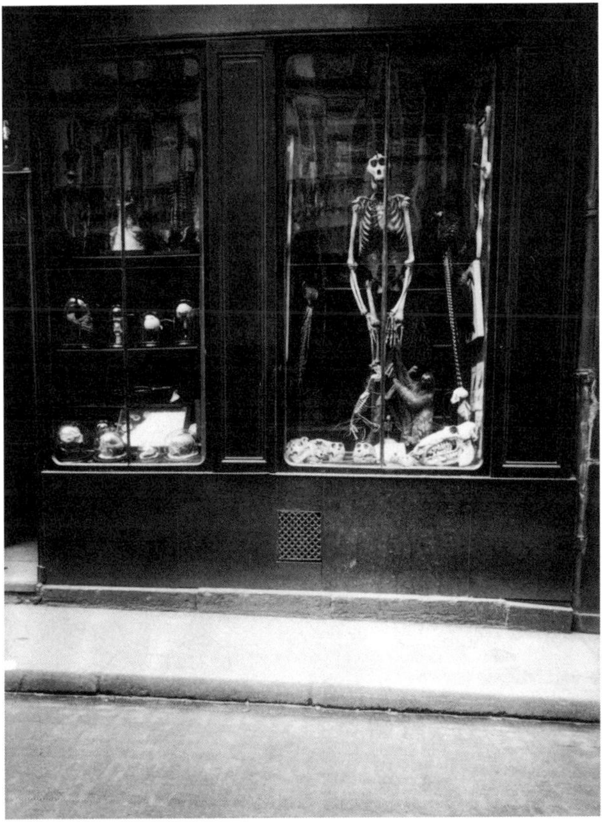

Naturaliste, rue de l'École-de-Médecine. 1926-1927

Collection

HAZAN *lumières*

1 - *Alfred Hitchcock,*
par Serge Kaganski

2 - *Fernando Pessoa,*
par Maria José de Lancastre
et Antonio Tabucchi

3 - *Guerre d'Espagne,*
par Abel Paz

4 - *New York années 30,*
par Samuel Fuller

5 - *Heartfield contre Hitler,*
par John Willett

6 - *Architecture et utopie,*
par Franco Borsi

7 - *Le Havre-New York,*
par Christian Clères

8 - *Erik Satie,*
par Ornella Volta

9 - *La Résistance,*
par Raymond Aubrac

10 - *Atget, Paris pittoresque*
Guillaume Le Gall

11 - *Idoles du sport*
Michel Butel

12 - *Palais de Venise*
Raffaella Russo